Laurinda Grion

SEU MUNDO NÃO CAIU

Viver pode ser mais simples

MADRAS

© 2003, Madras Editora Ltda.

Editor:
Wagner Veneziani Costa

Produção e Capa:
Equipe Técnica Madras

Ilustrações Internas:
Alessandro Perroud

Revisão:
Júlio Pedrosa
Marilu Maranho Tassetto
Sebastião Paz

Tiragem:
3 mil exemplares

ISBN: 85-7374-696-3

Proibida a reprodução total ou parcial desta obra, de qualquer forma ou por qualquer meio eletrônico, mecânico, inclusive por meio de processos xerográficos, sem a permissão expressa do editor (Lei nº 9.610, de 19.2.98).

Todos os direitos desta edição reservados pela

MADRAS EDITORA LTDA.
Rua Paulo Gonçalves, 88 — Santana
02403-020 — São Paulo — SP
Caixa Postal 12299 — CEP 02013-970 — SP
Tel.: (0_ _11) 6959.1127 — Fax: (0_ _11) 6959.3090
www.madras.com.br

Dedicatória 1

Leitor/a

Desejo a você luz, sabedoria e força. <u>Luz</u> para iluminar seus caminhos. <u>Sabedoria</u> para decidir pelo melhor. <u>Força</u> para seguir adiante com disposição e otimismo. Não se renda! Sei que com

        Confiança
        Otimismo
        Razão
        Amor
        Generosidade
        Espiritualidade e
        Muita luta, você será vencedor/a.

"Viva melhor! Ser feliz pode ser bem mais simples."

Visite site da autora: www.cursosgrion.com.br

Dedicatória 2

Não posso esquecer-me da **Thati**. Ela — *Thatiane Garcia* — com seu olhar magnético — transmite entusiasmo, coragem e otimismo para que eu possa sabiamente resolver os problemas que me apresentam a cada dia.

Diferentemente dos vampiros, que nos sugam e nos deixam exauridos, Thati proporciona-me paz e alegria. Saiba que foi muito bom tê-la como aluna, apesar de indisciplinada e falante. Embora tenha ficado, algumas vezes, muito irritada com você, certamente, não me deixei influenciar pelas suas atitudes. Quem não irritou um professor? As suas travessuras ficaram de lado. Você cativou-me de outro jeito: participação ativa nas aulas de literatura, observações oportunas e resultados positivos nas avaliações. Hoje, não mais minha aluna, mas minha grande amiga e colaboradora.

Laurinda Grion

Índice

Capítulo I – Aprendendo a ser feliz 11
    O carpinteiro 15
    Beija-flor idealista 23
    Aprendendo com as Dificuldades 26
    O domador de pulgas 28

Capítulo II – Força interior 29
    Agir versus reagir 37

Capítulo III – As pedras no meio do caminho 39
    Aprendiz 46

Capítulo IV – A importância da comunicação e do diálogo 49
    Fundamentos imprescindíveis para o gerenciamento de sua vida profissional e pessoal 52
        1ª Sugestão: Atitude positiva 53
        2ª Sugestão: Auto-estima elevada 54
    Sim, eu posso! 55

Capítulo V – Autenticidade 59

Capítulo VI – Respeito ao outro 63

Capítulo VII – A postura 69

Capítulo VIII – Generosidade 73

O céu e o céu 75
Capítulo IX — Momentos de decisão 79
Capítulo X — "Sorria! Você está sendo filmado" 83
Capítulo XI — Tenha habilidade! 87
   A sabedoria e a recompensa 89
Capítulo XII — Hierarquizando valores 91
Capítulo XIII — A grosseria 95
Capítulo XIV — A indignação 99
Capítulo XV — Paixões 103
Capítulo XVI — A Admiração 107
Capítulo XVII — É preciso acreditar! 111
   Os cortadores de pedra 114
   A determinação é invencível 114
Capítulo XVIII — Assertividade 115
   O Rei e o Sábio 119
Capítulo XIX — A felicidade 121
Capítulo XX — Promoção Pessoal 125
Capítulo XXI — Viva feliz 129
Capítulo XXII — Gerenciamento de nossa vida 135
Capítulo XXIII — A busca da verdade 139
Capítulo XXIV — A paixão maléfica 147
Capítulo XXV — Argumentar para vencer 151
Capítulo XXVI — Viva conscientemente 155
Bibliografia 159

Capítulo I
Aprendendo a ser feliz

"Quando dizes que te corrigirás amanhã, afirmas que hoje queres ser o mesmo de sempre, ou seja, mentiroso, desordenado, injusto, abandonado aos caprichos. Dá-te conta de quantos males te permites! Mas amanhã serás outra pessoa, dizes. Então, por que não ser já hoje? Começa hoje a preparar-te para amanhã; do contrário, continuarás postergando..." (Epíteto)

e modo geral, as pessoas fazem tudo para realizar seus sonhos. Elas buscam o bem-estar pessoal, tentam encontrar a melhor forma de viver e, além disso, a solução para os problemas.

Algumas são mais bem sucedidas; outras vivem eternamente buscando algo e nada encontram e, por isso, permanecem insatisfeitas por não conseguirem alcançar o "objeto desejado", que acabará com todas as ansiedades.

Desejam viver em harmonia, obter o emprego dos sonhos, conquistar o homem/mulher ideal e muito mais. Mas precisamos contribuir para que isso se torne real. Não podemos sair por aí mascarados de felicidade. Devemos senti-la. Sabemos que alguns dias são desastrosos e, conseqüentemente, ficamos aborrecidos. É difícil permanecer bem-humorados quando tudo dá errado, não ocorre como desejamos. Para seu consolo, saiba que os problemas estão presentes na vida de todos os povos. Existem pessoas que utilizam o autocontrole para driblar as mais variadas situações.

No nosso dia-a-dia, ficamos sabendo de atos de bravura, demonstrações de amor e ações de homens gigantes que realizaram grandes obras para o bem-estar de muitos. Para esses não faltaram isto: autoconfiança, coragem, desapego, determinação, flexibilidade, paciência, sabedoria, serenidade, simplicidade e disposição para realizar seus planos. Com coragem e com todos os ingredientes mencionados, existirá a completa transformação de nossos planos.

> "Corajoso é aquele que não teme nenhuma das dificuldades da vida e todas procura vencer."
>
> *(Tolstoi)*

A literatura também está repleta de figuras heróicas que realizaram feitos memoráveis em benefício de seu povo. O que há de comum em todos os "fortes" é a presença da motivação e da vontade de fazer ainda mais e, cada dia, melhor. Todos passamos por dificuldades, não existem exceções. Às vezes, os homens avançam; outras vezes, retrocedem, mas a coragem e a determinação os impulsionam a seguir em frente com garra. As pessoas automotivadas brilham por si próprias, porque procuram soluções e têm como sua aliada a autoconfiança e a determinação.

Enfim, o ser humano vive uma busca constante. Alguns tentam equilibrar o lado profissional; outros, o sentimental. Discute-se sobre o amor, a felicidade, a saudade, a perda etc. Definições precisas sobre esses sentimentos não existem; o homem, porém, tenta explicar cada um deles. Todos nós inconscientemente sentimos o desejo de ser vitoriosos e buscamos, cada um do seu jeito, a tal felicidade.

Aprender a ser feliz é um processo que, realmente, está ao alcance de todos. Para isso basta apreciar o belo, cultivar o amor, dedicar-se à leitura de histórias maravilhosas, contemplar o mar, ver o lado positivo das coisas e dar menos importância a tudo o que o incomoda, não dando importância exagerada àquilo que não é essencial. Agindo dessa forma, certamente, bem-estar e ânimo não vão faltar-lhe para lutar por seus objetivos. É necessário direcionar o olhar para tudo que possa dar prazer. Isso é um fato. Sabe-se, porém, que na prática isso não acontece.

> *"Quero melhorar em tudo sempre."*
> **(Ayrton Senna)**

Muitas vezes não existe disposição, tampouco interesse para apreciar as 'maravilhas' que todos os dias se apresentam à nossa frente. Envolvemo-nos com problemas ínfimos que nos roubam a disposição, alegria e bem-estar.

Quantas vezes tentamos mudar um hábito arraigado e não conseguimos? Quantas vezes tentamos afastar um fato desagradável e ele insiste em vir à nossa mente e não conseguimos anulá-lo? Será que existe uma solução eficaz e definitiva para esses problemas? É evidente que sim. Precisamos confiar no maravilhoso Deus e sentir paz, em vez de tristeza; alegria, em vez de derrota; paciência, em vez de irritação. O desafio primordial do homem na Terra é transformar-se sempre. Como? Admitindo que os "acontecimentos infelizes" devem ser vistos como parte de um processo de aprendizagem.

A história "O carpinteiro" mostra que podemos fazer algumas escolhas a nosso favor e contra nós mesmos. Diferentemente do que muitos acreditam, somos os únicos responsáveis por muitas de nossas ações. É evidente que os imprevistos acontecem e, raras vezes, sabemos lidar sabiamente com as situações imprevisíveis. Porém, se agirmos impulsivamente, correremos o risco de cair na nossa própria cilada. Abaladas, as pessoas agem de modo impulsivo. Lembre-se de que sua vida de hoje é o resultado de atitudes e escolhas feitas no passado. Sua vida de amanhã será o resultado de atitudes e escolhas que fizer HOJE. Por isso, deixe de lado as precipitações!

Depois de ler a história do carpinteiro, concluímos que precisamos lapidar nossas "jóias" ainda mais. A família, vida e ocupação devem ser valorizadas; são elas o nosso tesouro. Qualquer que seja nossa ocupação, precisamos desempenhá-la da melhor maneira possível. Com o tempo, vamos aperfeiçoando-nos naquilo que escolhemos ou tomamos um rumo diferente a fim de nos realizarmos pessoal e profissionalmente. Aqueles que se destacaram sobremaneira, precisaram aprender seu ofício para desempenhá-lo bem. Viver não é diferente. Há o período da semeadura e o da colheita; das chuvas e das secas. Devemos saber como passar por esses períodos. Durante os períodos difíceis, se houver paciência certamente conseguirá obter recompensas. Se não houver paciência, ações precipitadas serão tomadas e erros serão cometidos. É evidente que durante o período da aprendizagem ocorrerão erros e acertos. Uma parte do processo somos nós mesmos. Que é necessário

> "O otimista olha as sementes e antevê a colheita. O pessimista argumenta que as sementes não vão nascer. Você pode otimizar sua vida."
>
> *(Martin Claret)*

O carpinteiro

"Um velho carpinteiro estava para se aposentar. Contou ao chefe os planos de largar o serviço de carpintaria e construção de casas para ter uma vida mais calma e companhia da família. Claro que sentiria falta do pagamento mensal, necessitava, porém, da aposentadoria.

O dono da empresa sentiu muito porque perderia um de seus melhores profissionais. Com certo tato, pediu ao empregado, como favor especial, que construísse uma última casa. O carpinteiro consentiu. Com o passar do tempo, entretanto, era fácil ver que seus pensamentos e seu coração não estavam no trabalho. Ele não se empenhava no serviço, não utilizava mão-de-obra de qualidade, tampouco usou matéria-prima de primeira. Foi uma maneira lamentável de encerrar a vida profissional.

Quando terminou o trabalho, o construtor – dono da empresa – veio inspecionar o trabalho (construção da casa) e entregou a chave da porta ao carpinteiro. "Esta é a sua casa" – disse o patrão. "Meu presente para você".

Momentaneamente aturdido, o homem nem respondeu. Que choque! Que vergonha! Que surpresa! Se soubesse que estava construindo a própria casa teria feito completamente diferente. Certamente, ele não teria sido tão relaxado. Agora, teria de morar numa casa malfeita.

Assim acontece conosco. Construímos nossas vidas de maneira distraída, agindo pouco, desejando menos do que o melhor. Nos assuntos importantes, não empenhamos nosso melhor esforço. Então, em choque, olhamos ao redor e percebemos a situação que criamos para nós mesmos e vemos que estamos morando na casa que construímos. Se agíssemos com sabedoria, tudo poderia ser tão diferente!

Pense em você como o carpinteiro. Pense sobre sua casa. Cada dia, você martela um prego novo, coloca uma armação ou levanta uma parede. Construa sabiamente sua casa. Essa é a única vida que você construirá. Todos os seus dias merecem ser vividos dignamente. Sua vida de hoje é o resultado de atitudes e escolhas feitas no passado. Sua vida de amanhã será o resultado de atitudes e escolhas que fizer HOJE".

fazer? Aprender a se aceitar como se é, sem mentir, sem procurar pretextos, sem buscar culpados ou explicações exatas.

A infinidade de aborrecimentos nos rouba a energia, levando-nos ao mau-humor. Envolvermo-nos de modo extenuante com os problemas leva-nos ao desânimo, à perda da energia, deixa-nos mal-humorados, entediados e, até mesmo, sem vigor físico.

Temos sempre medo de não agir de modo sábio, sentimo-nos inseguros do caminho a seguir e nos culpamos por isso. Buscamos a perfeição e a medida certa para muitas coisas. Saiba que o ideal está longe dos olhos de todos, a verdade sobre tudo o que há em nosso planeta não está sempre à nossa disposição. Entenda que somos imperfeitos e agimos mal muitas vezes. Viver é redescobrir-se sempre.

Por uma série de razões, o homem busca viver melhor. Os caminhos a seguir para alcançar a realização plena de uma vida sem complexos e frustrações são: cobrar-se menos, fazer planos possíveis, fixar prazos maleáveis. Devemos fazer o melhor que sabemos, em cada momento, no ritmo possível, no tempo possível, nas formas possíveis. Devemos ainda entender que a chave do sucesso e a do fracasso não são a mesma. A chave do sucesso é entender-se melhor e aos demais, principalmente, ser feliz. Não estar feliz, mas ser feliz. Viveremos melhor se gostarmos mais de nós mesmos, integrarmos de modo harmônico tudo o que existe ao nosso redor e se nos relacionarmos bem com os semelhantes.

Listamos dicas valiosas para você:

1. Libertar-se do autoconceito negativo e do comportamento derrotista;

2. Aumentar a autoconfiança;

3. Atuar com entusiasmo;

4. Visualizar novos horizontes;

5. Confiar na própria capacidade de mudança;

6. Visualizar-se como sendo um vencedor;

7. Manter uma atitude mental positiva;

8. Abrir-se para todas as oportunidades;

9. Aceitar os próprios erros e os dos outros;

10. Ser tolerante;

11. Ser determinado;

12. Viver com auto-aceitação;

13. Viver de maneira ativa;

14. Amar a si mesmo;

15. Ser o responsável pela própria felicidade;

16. Ser verdadeiro consigo e com os outros;

17. Não ignorar-se a si mesmo e

18. Libertar-se das próprias prisões.

A presença da confiança, da humildade, da paciência, da disciplina, da serenidade vai ser de grande valia. O reconhecimento do erro, da falta de tolerância, da impaciência, também. O homem cresce não só quando vê seus talentos, mas também quando enxerga seus defeitos, suas limitações, suas culpas. Ele poderá ir muito além de onde está se realizar mudanças verdadeiras na própria vida. É essencial voltar o olhar para si e compreender as próprias falhas e encontrar meios para combatê-las.

Ciente da fragilidade, do pouco conhecimento acerca de tudo o que existe no mundo, resta ao homem buscar elementos que tragam respostas às questões. Ele pode contar com a contribuição dos mais experientes. Por que não com os livros, com os filmes e com aqueles que o amam de verdade?

> *"É preciso fazer algo de especial. Todo ano alguém ganha um título. Eu quero ir além disso."*
>
> **(Ayrton Senna)**

Viver é ver-se dependente da observação de experiências alheias para seguir mais confiante. Se você equilibrar a ousadia e a confiança encontrará melhores caminhos. Os verdadeiros vencedores são pessoas que se arriscam para atingir os objetivos.

No corre-corre diário, a pessoa se envolve com muitas coisas que a aborrecem e se transformam em enormes pesos. Quando isso acontece, ela deixa de lado a beleza da flor, a conversa agradável com a criança, o amigo bondoso, o abraço apertado daquela pessoa querida, a leitura agradável de um livro e inúmeras outras coisas. Enfim, não enxerga como poderia obter mais prazer com tudo aquilo que já possui.

> *"Quando todos os dias ficam iguais, é porque deixamos de perceber as coisas boas que aparecem em nossas vidas."*
> **(Paulo Coelho)**

O ideal do homem é buscar a perfeição para tornar-se um indivíduo mais nobre. Sentimentos como bondade, solidariedade, amor, renúncia devem fluir em cada uma das ações diárias.

Viver é escolher e renunciar, avaliar e, ao mesmo tempo, reconhecer que nunca temos a certeza das decisões, porque não sabemos o que poderia ocorrer se agíssemos de outro modo. Enfim, ao optarmos por algo, abriremos mão de conhecer o outro lado. O risco também faz parte da vida, nem sempre é possível apostar no cavalo ganhador. Muitas vezes é o "azarão" que ganha.

Não raras vezes, as pessoas desconhecem os meios para desfrutar uma vida harmoniosa. Para que a harmonia se torne real, basta querer vivenciar a beleza que está ao redor. "A beleza está nos olhos daquele que vê". Viver contemplando o belo é uma arte que pode ser aprendida. Ademais, saiba que você possui todas as habilidades que são necessárias para aprendê-la. Lembre-se ainda de que o seu empenho será necessário para seu crescimento pessoal. Eis a chave para entender-se melhor.

O filósofo grego Epíteto estava certo quando disse: "Nenhum homem é verdadeiramente livre até que se domine".

As condições necessárias para uma vida harmoniosa:

<u>Primeira</u>: optar por viver melhor.

"Devemos buscar a libertação em nós mesmos, porque o ser humano constrói a sua própria prisão."
(Sakia Siddharta Buddha)

<u>Segunda:</u> controlar-se, reclamar menos e agir mais. CRISE – S = CRIE. Criar novo estilo de viver.

"O que aconteceria se o motorista perdesse o controle do carro? Ele sempre deve estar atento ao manejo do volante. Mas, guiar a nós mesmos é muito mais difícil do que estar ao volante de um automóvel. Nós temos que dirigir o interior, os pensamentos, que são as coisas mais difíceis de governar."
(Alberione)

<u>Terceira:</u> perceber quem você é e como gostaria de ser.

"A vida é o que é e não podemos mudá-la, todavia, podemos modificar a nós mesmos e desse modo, também, mudar a vida."
(G. Freytag)

<u>Quarta:</u> notar a presença do amor, doar-se ao próximo e agir de modo ético.

"Não serás sábio, se não te conheces a ti mesmo. Por que tanta atenção ao mundo exterior e tanto descuido com o mundo interior? Não sejas como o olho que vê todo mundo e não vê a si mesmo. Não há pior ignorância do que ignorar-se."
(S. Bernardo)

É fantástico saber que podemos adotar a auto-ajuda. Quantas pessoas sentiram o desejo ardente de transformar o estilo de vida que levavam e empenharam-se para conviver bem com os familiares, com os colegas de trabalho. É desejo das pessoas tornarem-se queridas pelo grupo e pela família. Para que isso seja possível, observe se a cada dia você tenta ser uma pessoa mais justa, mais amável, menos egoísta, menos intransigente. Você se importa com seu jeito de ser? Saiba que está ao seu alcance modificar a maneira de viver e de agir. Mudar é uma questão de querer. Um teólogo americano escreveu algo maravilhoso que merece ser citado: "*Você não é o que pensa que é, mas o que você pensa, isso você é. Se você quiser transformar sua vida, tem de transformar <u>o padrão de seus pensamentos</u>. As mudanças sempre começam <u>com um novo pensamento</u>*". Em outras palavras, o autor nos diz que a mudança interior é o segredo da modificação do indivíduo.

Este mesmo religioso afirma que *"se quiser dar fruto, tem de cultivar boas raízes e então eliminar as ervas daninhas"*.

É uma escolha viver bem ou mal, agir correta ou incorretamente. Temos muitas ervas daninhas dentro de nós: preocupações desmedidas, interesses diversos, carga excessiva de trabalho, mesquinhez descontrolada, e a lista segue... Precisamos estabelecer prioridades em nossas vidas e sentir que os problemas roubam tempo, energia, bom-humor e tranqüilidade. Por isso, necessitamos adotar um jeito agradável de viver.

Só mudaremos a sociedade, caso participemos também das mudanças. O grande autor José Manuel Mouran afirma que *"mudando, pois, as relações pessoais, interpessoais, comunitárias e sociais, certamente desfrutaremos uma sociedade menos desigual e injusta. Somente haverá a paz efetiva quando muitas pessoas e grupos vivenciarem formas avançadas de comunicação, de respeito, de ética, de atitudes acolhedoras e de apoio para com os mais necessitados."*

Além disso, dividir com o próximo é atitude que encontramos mais facilmente entre indivíduos de classes menos privilegiadas. Em situações de calamidade pública: inundações, incêndios em favelas, epidemias, é possível sentirmos a solidariedade do povo carente. Em programas de TV, o prêmio pretendido pelos ganhadores pobres destina-se à ajuda aos familiares mais necessitados, conforme declarações que eles próprios fornecem. Por que a sociedade não vivencia esse exemplo?

Saiba que viver é um processo ininterrupto de:

1º avanços e recuos;

2º descobertas e decisões;

3º erros e acertos e

4º certezas e dúvidas.

Devemos efetuar um balanço da nossa vida a fim de verificar possibilidades menos complicadas. Dessa forma, construiremos um mundo colorido, justo, em que a verdade e os padrões éticos estejam presentes.

Quanto mais as pessoas desejarem 'viver bem', no sentido ético, isto é, relacionar-se fraternalmente e não se deixarem levar por vinganças, invejas, competições desmedidas, mais fácil será transformar a sociedade interesseira, injusta e prepotente – afirma Mouran.

A frase é bem conhecida: "Quanto mais se vive, mais se aprende", o que, aliás, é um fato, porque vamos evoluindo, revelando nossos talentos, definindo nossa personalidade, adquirindo forças e sabedoria para seguir em frente, repensando as atitudes, deixando de lado algumas e aumentando a freqüência de outras; enfim, gerenciando melhor nossa maneira de viver. Tudo isso com um objetivo: a obtenção de equilíbrio. O ser humano vive à procura de amor e de felicidade. Mas o que é felicidade? Acúmulo de bens? É viajar pelo mundo? É comer e beber aquilo de que se gosta? O que significa felicidade para você? O que é mais importante, ser feliz ou estar feliz? Ser feliz é uma situação permanente de bem-estar. É impossível que alguém seja assim? Muito difícil. Mas estar feliz é acolher os momentos bons, tranqüilos e alegres do dia. O momento de entrar em casa e descalçar os sapatos depois de um dia duro de trabalho e condução lotada. O prazer de reencontrar as coisas que nos são familiares e o afeto do convívio com a família e os amigos. Valorizar essas pequenas alegrias nos dá ânimo para recomeçar o dia seguinte. É notório que, com o passar dos anos e da convivência com outras pessoas, vamos mudando os hábitos, adquirindo algumas manias, aumentando a intensidade de outras. No entanto, nosso maior desafio é a mudança na forma de agir. Esse deve ser nosso objetivo MAIOR. Precisamos de motivação e força para que possamos transformar nossa vida. Nem sempre estamos contentes com a chefia, com os nossos resultados, com o estilo de vida que estamos levando e a lista segue. Algumas vezes, quando inevitável, o vazio e a tristeza se pronunciam intensamente. O que não sabemos é que somos em grande parte os próprios criadores de tudo aquilo que vivemos. Por isso, é muito mais fácil nos posicionarmos como vítimas. Tal atitude não resolverá a situação! Encha seus balões de força, otimismo e vontade para que resolva sabiamente seu problema. Dê a você a oportunidade de mudar sua vida. Como? Deixando de lado as atitudes mesquinhas diante das coisas, das pessoas e de nós mesmos são inadmissíveis para aqueles desejosos de crescer espiritualmente. Todos os que cultivam sentimentos destrutivos não possuem horizontes nem força para transformar a própria vida. Referimo-nos a essas pessoas dizendo: "Seu mundo é assim, pequenininho...".

> *"... Nascemos para voar e temos a obrigação de levantar vôo sempre. Isso digo eu, que caí e me despedacei muitas vezes. E, não obstante, insisto. Quando você sentir que vem abaixo, que caiu entre fragmentos e ossos, entre prantos de areia e aguaceiros de vidro, bata as asas algumas vezes. E para cima."*
>
> (Jesús Quintero.)

A história a seguir faz-nos parar para refletir como agimos mal comumente. Não nos empenhamos em prol de uma causa comum. Mas saiba que para alcançarmos nossos objetivos, não podemos deixar de lado o comprometimento. O "beija-flor idealista" serve de exemplo para todos que desejam mudar uma situação, há, porém, os leões que ficam observando o problema aumentar. Seja um beija-flor.

Depois de ler a história do beija-flor, é possível perceber que aprender a viver inclui abandonar atitudes mesquinhas e cultivar atitudes construtivas como: cooperação, misericórdia, respeito e doçura. Não é possível viver bem se o homem não se preocupar com os que vivem à margem. Precisamos ser um beija-flor todos os dias.

Beija-flor idealista

"– Era uma vez... uma grande floresta que pegou fogo. O incêndio destruía, de forma cruel e voraz, aquele recanto de paz. Os animais fugiam, desesperadamente, para não morrer carbonizados. Um beija-flor, idealista e solitário, enchia o bico d'água no regato. Voando rápido, jogava, sem sucesso, a água nas labaredas que ardiam. O leão, apesar de toda a sua imponência e autoridade, acovardava-se, fugindo também como os demais. Foi exatamente ele quem se virou para o beija-flor e aos berros gritou:

– Seu idiota! Você não percebe que não vai conseguir apagar este fogo com este tiquinho d'água? É melhor você fugir também antes que a morte o alcance. Seu imbecil!

E o beija-flor, já cansado, mas consciente da sua verdadeira missão, voltou-se com toda sua humildade para o leão e disse:

– Sabe, seu REI LEÃO, se, ao invés de vocês estarem aí me criticando e fugindo da responsabilidade, estivessem aqui, COMPROMETIDOS em apagar o fogo, com certeza, poderíamos salvar nossa floresta querida.

SEJA UM BEIJA-FLOR."

Infelizmente, assistimos inconformados a tudo o que acontece na esfera política, econômica e social. Existem muitos leões que não fazem nada para melhorar a situação. Mas ainda bem que existem os beija-flores, como o saudoso Betinho, que se preocupa com o bem-estar de muitos. Vale lembrar que os conflitos existem em todas as áreas. Porém, se houver um homem 'diferente', ou seja, amoroso, racional, participativo e menos egoísta, poderemos viver bem. Falta muito a fazer para a efetivação do convívio fraternal entre os homens.

Na idade madura, mostramos o que somos, nossa evolução profissional e emocional, desenvolvemos os mecanismos para lidar com o intelectual e com o emocional.

Para alguns, lidar com as dificuldades que se apresentam é um caos tremendo, ou seja, nem sempre há um equilíbrio emocional e racional. Viver e amar é um exercício complexo, porém necessário para aqueles que buscam o bem-estar. Os pontos fortes e fracos que temos de trabalhar no dia-a-dia são muitos, e não há opção se não aprendermos a administrar melhor nossos sentimentos. Só assim poderemos viver livres de tantos contratempos. Sabemos que muitos dos nossos problemas são causados <u>pela falta de autodomínio.</u>

De acordo com Mouran, se observarmos pessoas adultas e, especialmente, as da terceira idade, que começam a envelhecer, é possível identificar aquelas que nunca se assumiram verdadeiramente, mas estiveram apenas representando: são as que permanecem cheias de medos, de rancor e de mágoas. Existe um contingente de indivíduos que optaram por viver assim: magoados, insatisfeitos, carentes de afeto. Mas saiba que você é o condutor da sua própria vida. Sentir-se bem é uma escolha. As pessoas que realmente aprenderam a viver, que evoluíram como criaturas, são as que não perderam o afeto. São tolerantes, observadoras e, obviamente, percebem quão maravilhoso é o sol, o amigo, a luz do dia, a árvore toda florida. Notam o amanhecer, são bem-humoradas. Assim, envelhecem com dignidade e em paz. Com essas, vale a pena aprender como se vive bem. Viver sempre representando é um sacrifício tremendo. Abaixo a hipocrisia! Os mal-resolvidos, aqueles que não assumiram sua maneira de ser, estão sempre mascarados e tudo fazem para enganar-se ainda mais. Muitos são os compradores compulsivos, os mentirosos contumazes, os invejosos, os corruptos. Todos, certamente, em graus diferentes, vivem em conflito constante por agir assim.

Pergunte a si mesmo o que é viver bem. Vivo bem? Que me falta para viver ainda melhor? Viver bem é cultivar o amor e tantas outras coisas que são de primeira necessidade para que eu possa alegrar-me. Para viver melhor falta-me, talvez, mais disposição para mudar meu comportamento.

O homem busca aprovação da sociedade e de si mesmo. Ele está sempre tentando equilibrar-se e buscando a aceitação das pessoas, dos grupos e da sociedade, dissimulando o que ele considera negativo em seu próprio comportamento. No entanto, os impulsos para evoluir continuam reprimidos e podem se desenvolver em silêncio e se manifestar em momentos inesperados. Ele não pode negar o que é.

Para Mouran, na juventude, os impulsos estão mal direcionados porque não têm espaço para se manifestar, não estão sendo aceitos, não estão sendo integrados à personalidade. Por isso, esses impulsos não integrados mantêm os jovens seres humanos em uma tensão surda, exigindo um esforço extenuante para conseguir reequilibrar a personalidade com as demandas sociais.

Surge, na fase adulta, a necessidade de redefinir alguns parâmetros como: metas, expressão autêntica da própria personalidade, independência financeira — quando possível. Nessa fase de descobertas, em particular, o indivíduo tem luz própria, pois já é adulto para fazer as escolhas sem a interferência de ninguém. Sabemos, porém, que muitos continuam sem rumo certo, mesmo na fase adulta. Os laços continuam ainda presos como se fossem de uma criança que precisa de cuidados.

Outras pessoas sentem que as mudanças são necessárias em suas vidas. Não se conformam com o que lhe impõem. Preferem agir a seu modo, mesmo que "quebrem a cara". Buscam seus interesses, os amigos de sua predileção, embora talvez estes não sejam indicados como boas companhias, freqüentam lugares não aceitáveis pela família ou pelo seu grupo — agem de acordo com seus impulsos. Alguns assumem seus atos, outros não. Uma coisa é certa: alguns demonstram autenticidade. Não escondem seu modo de ser e um dia encontram seu verdadeiro caminho que pode ser o oposto daquele que trilhavam. Agora, vivem outra fase. Cada uma das fases tem características típicas. Precisamos saber como viver em cada uma delas. Quando crianças somos vigiados, amados e controlados em razão da pouca idade; com o passar dos anos, tais preocupações dos pais são também modificadas, pois a responsabilidade começa a ser dividida entre pais e filhos. Já na fase adulta, precisamos fazer as nossas escolhas em várias áreas: profissional, amorosa e social.

Na fase adulta, deve existir discernimento para tomar uma série de decisões. As mudanças podem operar-se interna ou externamente. O indivíduo pode mudar o tipo de atividade profissional ou o lugar de trabalho, a forma de interagir com os semelhantes, trocar o parceiro afetivo. São pessoas que mudam, fundamentalmente, o modo de lidar consigo mesmas, com os outros, a natureza, o presente e até mesmo com o futuro. Tais mudanças são importantes, pois vê-se a necessidade de buscar a novidade, o conforto, a sensação do prazer e momentos de felicidade. Para vivermos novas experiências, é necessário termos disposição para aceitar o que vier a acontecer. Ação e coragem são ingredientes indispensáveis. Aprender a viver é semelhante ao processo de aprender matemática, gramática, física e outras ciências. Somente praticando os exercícios obteremos resultados satisfatórios. Da mesma forma é viver; é necessário adquirir o hábito de se auto-avaliar e aprender continuamente. É evidente que os erros e os acertos estarão presentes. "Uma vida transcorrida cometendo erros não só é mais honrada, mas também mais útil do que uma vida sem fazer nada".

Aprendendo com as Dificuldades

Como reagimos ao perceber que não somos totalmente livres? O adolescente sente-se injustiçado com os muitos "nãos". Comprar a roupa caríssima da moda, sair em horários inadequados, freqüentar ambientes desaprovados pela família, unir-se a grupos de amigos inconvenientes, participar de rachas ou praticar esportes radicais são desejos que lhe são negados. Sentindo-se incompreendido torna-se rebelde e seu relacionamento com a família fica complicado. Ele percebe que não é livre para tomar todas as decisões. O adulto também não é totalmente livre. Vive às voltas com os compromissos pessoais, familiares e profissionais. Os horários e as regras são para todos. O homem se vê obrigado a dar satisfações à esposa, ao superior na empresa e aos amigos. Ninguém é livre totalmente. Na sociedade existem limites para a convi-

> *"Quanto maior for o obstáculo, maior será a glória de tê-lo superado."*
>
> **(Molière)**

vência entre os homens. A liberdade plena é utópica. Existem regras para a demarcação dos limites na vida de todos.

Para sermos aceitos na comunidade da qual fazemos parte, é necessário fazer concessões, aprender a ser compreensivos e, quando necessário, a ficar calados. Tudo isso com a finalidade de sermos aceitos na família, na escola, no clube, na igreja, na empresa, para recebermos carinho, para não criarmos problemas para nós e para os outros e, muitas vezes, pelo medo de sermos rejeitados.

Ficar à margem não é bom para ninguém. Sentir-se querido pela família e pelos amigos traz bem-estar. Afinal, o homem é um ser social e precisa do semelhante para trocar idéias e afetos, ser aceito e amparado.

Alguns, por uma série de motivos, vivem como se estivessem em uma ilha. Logo, sofrem. A esses seres isolados faltam a palavra amiga, o amor, a troca etc. Assim, é o estilo de vida de alguns indivíduos. Tornam-se inseguros, acanhados, insatisfeitos e, por essa razão, perdem oportunidades de se realizar em muitos campos.

É possível, e vale a pena ir além de onde estamos, acreditar e estar abertos para tudo o que nos rodeia, de antenas ligadas com tudo o que pode ajudar-nos a crescer. Sempre podemos mudar, sempre vale a pena tentar. Quanto mais corajosos formos e dermos passos na direção da mudança, mais novos caminhos se abrirão. Tal atitude nos colocará sempre diante de novas questões, novos desafios e nos levará a novas pessoas, atividades, atitudes.

Saiba que uma vida vitoriosa não é sinônimo de "mar de rosas". Os otimistas seguem em frente; os pessimistas, entretanto, lastimam-se continuamente. Espero que você não aja como a pulga da história a seguir.

Infelizmente, percebe-se que para muitos a vida não tem sabor, colorido, tampouco sentido. Acomodados, alguns não conseguem encontrar sentido para a vida. Os que assim agem, não notam a beleza que brilha todos os dias e quão bom é viver. Por isso, meu amigo e minha amiga, freiem a tristeza. Se se permite senti-la, ela se avoluma, se espraia, contamina, destrói.

"Alegria é aprender a desfrutar a vida apesar dos problemas. Nada entra em sua vida por acidente. Quando passamos por uma dificuldade sem desistir, nosso caráter e confiança são fortalecidos, capacitando-nos a lidar com pressões ainda maiores no futuro."

O domador de pulgas

"Era uma vez... Um jovem que ficou perturbado ao ver um show circense. Um homem se auto-intitulava: "domador de pulgas". Ele batia com um lápis num jarro de vidro destampado com várias pulgas. Elas pulavam, mas não saíam fora do jarro. Ele batia mais forte ainda e as pulgas não pulavam para fora do jarro.

– Não pode ser truque, retrucava sua mente crítica, eu posso ver tudo através da lente de aumento gigante que fora instalada para o show. Desnorteado e incrédulo, ao final do show, lá estava ele diante do domador de pulgas:

– Parabéns! Eu nunca tinha visto nada igual. Mas, por favor, diga-me qual é o truque.

– Não existe truque, meu jovem. Pulga é igual ao ser humano. Eu as coloquei dentro do jarro, tampei usando um anteparo transparente. Batia fortemente na lateral do jarro, com o lápis. Desesperadas para fugir, as pulgas pulavam com toda a força e batiam com o corpo no anteparo. Com o tempo, observei que o anteparo não ficava sujo de sangue. Assim sendo, elas foram se acomodando e não mais ousaram pular tentando sair.

– Até aí, eu entendi tudo. Mas o que pulga tem a ver com ser humano?

– O ser humano tenta uma, duas, três vezes. Depois, ele não ousa tentar mais, acomoda-se, acostuma-se com aquele espaço e, mesmo provocado, não consegue sair fora da sua vidinha limitada pela prisão mental imaginária. Fica estagnado e confinado, lamentando a sorte e o destino!"

Capítulo II
Força interior

O melhor que podemos fazer para os outros homens não é comunicar-lhes a nossa riqueza, mas levá-los a descobrir a sua. (Louis Lavelle)

Por instinto e certamente por necessidade, o homem busca, além de sobrevivência, estímulo, amor, paz e objetivo para seu viver. Ele tenta, com a força interior, destacar-se da multidão. Com todas as suas características inerentes, luta para realizar-se pessoal e profissionalmente.

Os seus anseios são inúmeros. Para realizar seus sonhos, investe toda a sua disposição. O ser humano tem enorme energia que, muitas vezes, nem sabe que possui. Em determinadas situações, ela surge de forma inacreditável. A palavra energia é encantadora, como a palavra amor, e as definições são inúmeras. O amor pelo trabalho, pela vida, pelo amigo é o combustível que se transforma em energia para a realização de muitas coisas.

Durante um jantar, Pedro, um amigo, contou-me sobre a fonte energética que possuímos e sobre a força grandiosa de um garoto.

Houve um incêndio numa casa durante a madrugada. No momento em que o fogo despontou, todos dormiam. Em um dos quartos da casa, havia um jovem de 13 anos que dormia sozinho. Eram grandes e muitos os cômodos da casa. Os espaçosos quartos ficavam no andar superior. O fogo começou nas dependências dos fundos e em poucos minutos alastrou-se por toda a casa. Quando perceberam algo estranho, todos se levantaram rapidamente. O cheiro forte da fumaça e o calor intenso sufocavam a todos. Mesmo no escuro, aturdidos, tentaram sair dos quartos. No meio da escuridão e da fumaça, pouco entendiam o que estava havendo. Por razões óbvias, não era possível ajudarem-se.

O garoto de 13 anos tentou sair do quarto. Não conseguiu, num primeiro momento, abrir a porta. No auge da agitação e do nervosismo, deixou cair a chave. Não era possível procurá-la no escuro. A porta de madeira muito resistente não foi empecilho para o garoto. Com um chute, rachou-a ao meio. Estamos falando de uma porta resistente com tremenda espessura. Ela era uma fortaleza. Os parentes e amigos ficaram perplexos ao verem a espessura da madeira e se indagaram como ele tinha conseguido rachá-la ao meio. De onde veio tamanha força?

A força que emana do homem não pode ser vista a olho nu, mas todos nós a possuímos. Agimos, inconscientemente, usando essa força em muitos momentos de nossa vida. Há inúmeras histórias como essa. Em situação normal, certamente, o garoto não conseguiria abrir a porta. Vale lembrar também o acidente que ocorreu com um helicóptero em Maresias. Estavam quatro pessoas no seu interior. Duas morreram; as outras conseguiram nadar até a praia. O incrível é que o co-piloto mal sabia nadar. Mesmo assim, não sabendo nadar muito bem, conseguiu dar boas braçadas num mar revolto durante a noite e chegar com vida à praia

Ademais, naquele dia, chovia muito e a baixa temperatura da água estava insuportável. Por tudo isso, nota-se que o homem é capaz de fazer coisas inacreditáveis e inexplicáveis. Numa situação de perigo, o autocontrole é fundamental para a sobrevivência.

É evidente que existem experiências marcantes na vida de muitas outras pessoas. Algumas, pela maneira de ser, exteriorizam a energia que possuem. O ser humano possui recursos que nem ele mesmo conhece, e é deles que tira sabedoria e força para enfrentar situações terríveis.

Existem algumas pessoas que nos transmitem uma sensação de mal-estar, embora não saibamos definir o porquê; o contrário também ocorre, há pessoas que nos "trazem" boa energia. Há quem diga: vampiros existem, não da forma que os conhecemos nas histórias que nos contam. Trata-se de pessoas as quais sugam nosso ânimo, nossa energia, nossos planos, a tal ponto que nos sentimos exauridos depois de um contato com elas. São pessoas amargas, pessimistas, incapazes de proporcionar bem-estar a quem as ouve.

Sabemos que muitos indivíduos não possuem olhares vibrantes e poderosos. O olhar de uma pessoa irradia paz, disposição e alegria. Percebemos a insatisfação, a indignação, a tristeza, o cansaço pelo olhar de uma pessoa. O olhar assemelha a um espelho. As pessoas de olhar magnético refletem a pureza. Elas têm mais disposição para enfrentar os problemas; subjugam o medo, enquanto as que não desenvolveram essa força são subjugadas por ele e não enfrentam a realidade com tanta disposição.

Sabemos da complexidade da mente e do comportamento humano mas, aos poucos, o homem vai-se conhecendo melhor. Em muitas de suas ações, aprende a dar ouvidos a voz da intuição. Ela acompanha os processos intelectivos das mentes abertas dos homens lúcidos deste começo de século.

O homem, para ser bem sucedido, deve perceber se os seus desejos são lícitos. Nunca deve submeter-se às próprias vontades se não tiver coragem de revelá-las aos outros. É a consciência do que é lícito e do que não é que permite a tomada de decisão certa no momento oportuno.

"Confia no Senhor de todo o teu coração, e não te estribes no teu próprio entendimento; reconhece-o em todos os teus caminhos, e *ele endireitará* as tuas veredas". Temos aí alguns verbos bem significativos: *confiar*, seguido de *estribar-se*, *reconhecer* e finalmente um fantástico que é *endireitar*. Os três primeiros verbos são os mandamentos: confia, estribes e reconhece. O último verbo é a promessa de Deus para os homens: "E ***ele endireitará*** as tuas veredas".

Em situações de dilema devemos confiar n'Ele. Não se estribe, meu amigo. Não gaste o tempo tentando entender as coisas do mundo, algu-

> "O único homem que jamais erra é aquele que nunca faz nada."
>
> *(Eleanor Roosevelt)*

mas delas são incompreensíveis a nós. Limite-se a viver somente. Tenha confiança n'Ele para desfrutar a paz.

Por meio de exercício do silêncio interior ou meditação, você será capaz de sentir a paz interior. Não devemos distorcer a realidade em função de vaidades e propósitos exclusivamente pessoais. O homem age de modo sábio quando se encontra num estado harmonioso; age de forma oposta quando se encontra num estado de melancolia e de depressão. Por isso, os pensamentos positivos e o bom astral só contribuem para que se tenha uma vida iluminada. Há um belo pensamento esclarecedor para o que estamos discutindo: "*A vida é o que é e não podemos mudá-la, todavia, podemos modificar a nós mesmos e desse modo, também, mudar a vida*". (G.Freytag)

Viver é sentir e acreditar naquilo que se imagina para que a consciência interior aceite o quadro visualizado e o torne realidade. Acreditar é enxergar o invisível.

Existem muitas formas empregadas pelo homem que concorrem para o seu efetivo bem-estar. Vê-se, em nossos dias, um contingente enorme de pessoas buscando, em várias fontes, respostas para inúmeros questionamentos. Não são poucas as que procuram uma vida de felicidade. Freqüentemente lêem sobre filosofia, psicologia e livros de auto-ajuda. Enfim, tudo o que é feito tem um único propósito: a busca da felicidade.

Estudos mostram que o uso adequado da imaginação ajuda o homem a desenvolver o poder da vontade e da concentração. Ela pode ser usada de maneira criadora para alcançar qualquer meta. Do mesmo modo que a vontade, a imaginação é desenvolvida por meio do exercício.

A princípio, imagine o objeto do seu desejo. Em seguida, peça a Deus que guie seu pensamento de modo que você só procure realizar os desejos que estejam em harmonia com a vontade d'Ele para você. Posteriormente, visualize sua meta, sem ansiedade, concentrando-se, tão minuciosamente quanto possa e "veja-se" como já sendo um vencedor.

Os sonhos são um dos motivadores que nos fazem seguir adiante com disposição e força física. Viver sem objetivos é como ser um barco à deriva. Todo barco necessita de tripulação e de piloto para que todos cheguem ao destino. Para que se chegue ao destino é necessário seguir uma rota. Com o ser humano não é diferente. Agindo assim, sem ansiedade, alcançará os objetivos, mas lembre-se de que a <u>imaginação</u>, a <u>vontade</u> e a <u>iniciativa</u> precedem as <u>ações</u>. Para obtenção dos propósitos, saiba que a vontade deve prevalecer. Vontade aliada à ação resulta em sucesso.

Para alcançar êxito em qualquer empreendimento que valha a pena, precisamos decidir que não vamos desistir, nem ficaremos parados.

Todo poder de que precisamos existe no interior de cada um. Ter um controle sobre nossa própria vida significa aceitarmo-nos com nossas qualidades, limitações e defeitos. Ademais, precisamos obter ensinamentos quando falharmos e nos orgulharmos quando bem sucedidos formos.

Anteriormente, vimos a importância do equilíbrio e da força interior que nos faz seguir em frente. Devemos incutir pensamentos construtivos nas crianças para discernirem o certo do errado. Devemos ainda encorajá-las para que se tornem adultos confiantes e, principalmente, destemidos. Precisamos, também, cultivar-lhes pensamentos positivos, não permitir que os negativos as atormentem. Agindo assim, elas serão adultos corajosos, perseverantes, confiantes e ficarão com a auto-estima preservada.

Devemos amar o ofício escolhido, valorizar a vida e deixar a imaginação trabalhar a nosso favor. Émile Coué aconselhou: "... quando a vontade e a imaginação estão em conflito, a última sempre ganha a batalha".

Caso tranqüilizarmos a mente e o corpo, poderemos observar que, ao obedecer às nossas intuições, seremos beneficiados pelas boas escolhas.

> "A vontade é a primeira condição da força."
>
> **(Provérbio português)**

O insucesso na vida pessoal pode afetar a vida profissional do indivíduo, gerando pessoas que se sentem fracassadas, profissionais desmotivados, empresas falidas ou destinadas ao fracasso. A falta de um projeto de vida leva a um vazio existencial. Se o objetivo na vida é vago, as realizações serão vagas e bem escassas. As pessoas que se descobrem sem um ideal, sem uma causa, sem sonhos, sentem-se desanimadas, e a elas faltará motivação para lutar por seus objetivos.

Por intermédio de um processo de busca, de autoconhecimento, os indivíduos poderão encontrar os melhores caminhos para a sua vida pessoal e profissional. Viver é automotivar-se. O ser humano repleto de desejos positivos e vontades certamente encontrará "forças" para se guiar na estrada da desejada realização pessoal.

Autoconfiança é a capacidade de a pessoa sentir-se segura em meio às turbulências, segura na administração de sua própria vida e em meio às mudanças drásticas no ambiente.

A pessoa autoconfiante sente-se merecedora de obter o que quiser. Conhece seu interior e exterior, de modo que sempre tem uma força para utilizar.

Por que as pessoas com autoconfiança são tão interessantes? Porque delas irradia força, brilho, otimismo e saúde. Por isso, queremos ficar perto delas e ser igual a elas. Felizmente, a autoconfiança é uma das faculdades que o homem pode desenvolver. Alguns usam-na mais; outros desconhecem a força interior e não a usam como deveriam. Se desfrutarmos uma vida harmoniosa teremos uma passagem na Terra muito mais proveitosa. Sendo assim, vale aprender alguns princípios fundamentais que nos permitirão viver em consonância com o amor e com a verdade. A falta de certos princípios, vamos assim chamar, acarreta no homem insatisfação, problemas nas relações interpessoais e diversos outros conflitos. Ingredientes como autoconfiança, auto-estima e reflexão são essenciais para que você consiga atingir o crescimento emocional e espiritual. O tempo para mudanças é hoje. Por isso, vale a pena tentar descobrir-se e viver em harmonia. Viver bem é uma opção. Alguns optam por viver mal; outros, sabiamente, compartilham a beleza que todos os dias está à frente. Perceba o colorido que há ao redor e dê mais brilho à vida. Saiba que a felicidade está ao seu alcance. Faça as mudanças necessárias para que consiga colorir os seus dias.

A autoconfiança é um pré-requisito para o sucesso e a felicidade, pois o desempenho costuma ser baseado mais em atitudes que em aptidões. Tanto o sucesso quanto o fracasso podem ser previstos. Ter autoconfiança significa saber usar uma abordagem positiva que influencie os outros. São as pessoas a quem chamamos de carismáticas.

O sucesso da auto-sugestão está no fato de ser um apelo dirigido ao sentimento do próprio indivíduo e as suas emoções mais do que à própria razão. Diferentemente do que se imagina, auto-sugestão não é uma panacéia que serve para todos os males, tampouco um processo mágico. É, antes de tudo, um processo de treino, força de vontade e disciplina.

Qualquer idéia que nos passa pela cabeça tem maior ou menor influência sobre nosso comportamento, sem deixarmos de lado a importância da razão, apenas ressaltando a força que a idéia adquire ao ser aliada à imaginação. A auto-sugestão é um eficaz método de domínio de si mesmo e essa convicção você só vai obtê-la por meio da experimentação.

Qualquer exercício de auto-sugestão deve ser praticado por longo tempo, isto é, por toda a sua vida; da mesma forma que você criou hábitos de pentear-se, escovar seus dentes, deve também desenvolver hábitos de higiene mental. É comum que, no início, ocorra um grande resultado, parecendo depois que esses movimentos, essas conquistas diminuem em algum tempo. O segredo não só serve para a manutenção dos objetivos, mas também para a conquista de outras metas, e é correspondente à persistência e à disciplina para o desenvolvimento de novos hábitos.

> *"Devemos gravar em nosso espírito o alvo que temos em nossa mente. Se não fizermos isso, reinarão unicamente confusão e obscuridade."*
>
> *(Epicuro)*

Olhando à nossa volta, notamos que a maioria das pessoas possuem olhar vazio, falta-lhes vitalidade e vivem, muitas vezes, numa apatia total. Elas são assim porque ainda não se deram conta da necessidade de desenvolver esse dom. Uma minoria o utiliza instintivamente, outra parte utiliza-se da força de vontade, conscientemente.

A história "Agir versus reagir", extraída do livro "*Por que tenho medo de lhe dizer quem sou*" de John Powell, mostra como um homem amável se comporta diante de um homem nada amável. Depois da leitura, pense como tudo poderia ser diferente se agíssemos da mesma maneira do homem amável. Conflitos seriam evitados, mágoas desapareceriam, inexistência de insultos. Que maravilha se conseguíssemos ser "um pouco" parecidos com o homem da história.

Agir versus reagir

"*O colunista Sydney Harris conta uma história em que certa vez acompanhava um amigo à banca de jornal. O amigo cumprimentou o jornaleiro amavelmente, mas recebeu um tratamento rude e grosseiro. Pegando o jornal que foi atirado em sua direção, o amigo de Harris sorriu polidamente e desejou um bom fim-de-semana ao jornaleiro. Quando os dois desceram pela rua, o colunista perguntou:*

—Ele sempre o trata com tanta grosseria?

—Sim, infelizmente, é sempre assim.

—E você é sempre tão polido e amigável com ele?

—Sim, sou.

—Por que você é tão educado, já que ele é tão mal-educado com você?

—Porque não quero que ele decida como eu devo agir.

A implicação desse diálogo é que a pessoa inteira é "seu próprio dono", que não deve se curvar diante de qualquer vento que sopra. Não é o ambiente que a transforma, mas ela que transforma o ambiente. **A pessoa inteira é um ator e não um reator.**"

Capítulo III
As pedras no meio do caminho

"Você pode escolher, apesar das circunstâncias, regozijar-se. A alegria é que torna a vida gostosa. Quando optamos pela alegria, a vida será grandemente intensificada". (Rick Warren)

A pessoa que passa por um infortúnio sente-se confusa, desesperançada. Vê-se impotente, fraca, e acredita estar no fim da linha da vida. Essa situação pode levá-la à depressão, o que atinge, além dela, todos aqueles que estão ao seu redor. O sofrimento não é só seu.

Quando nos sentimos impotentes e nada fazemos para dar fim ao problema, este se avoluma e, dessa forma, as feridas ficam mais profundas e dolorosas. Saiba que é possível ter uma vida pacífica em um mundo hostil. Para que isso seja real, o indivíduo precisa de três tipos de paz:

1º *A paz espiritual:* é paz com Deus.

2º *Paz emocional:* é a paz de Deus.

3º *Paz nos relacionamentos:* é a paz com os homens.

Hoje há muitos movimentos que clamam pela paz na Terra. Sabem eles que a paz nos relacionamentos reduz conflitos.

Os familiares sempre procuram ajudar o parente que está sofrendo. Todos nós procuramos ajudar o amigo que passa por uma fase difícil. O homem é um ser gregário e necessita da companhia do outro, principalmente em certos momentos. O calor do outro traz conforto. O objetivo dos parentes e dos amigos é confortar a pessoa ferida. Mas se ela estiver fechada em si mesma e não vir nada do que se passa ao

> *"Adiante! Pelos caminhos maus, se não houver outros; pelos bons, se for possível. Mas siga adiante, apesar de todos os obstáculos para conseguir o objetivo."*
>
> *(Charles Dickens)*

seu redor, dificilmente resolverá o problema. É necessário conhecer a origem do problema e, principalmente, querer resolvê-lo.

É fundamental ajudar a pessoa que passa por algum tipo de infortúnio. Ela sente-se perdida, triste, magoada, inconformada e, certamente, não encontrará forças dentro de si própria para reerguer-se.

Ao passarmos por um revés, devemos tomar consciência de que todos nós falhamos, todos passamos por dificuldades. O nosso dia-a-dia está repleto de exemplos de falhas humanas: "*o Titanic foi construído para não afundar, mas na sua primeira viagem foi ao fundo; Sansão, confiando em Dalila, contou-lhe o segredo de sua força e foi por ela traído; Salomão, o homem mais sábio, teve seus momentos de fraqueza; Pedro negou a Jesus Cristo e há inúmeras outras.*" Presenciamos a todo o momento decisões judiciais cheias de falhas. Vemos estampados nos jornais erros jurídicos e pareceres absurdos das autoridades que se classificam como competentes. "*Isadore Zimmerman passou 24 anos na prisão até a justiça reconhecer o grande erro que tinha cometido.*" Sabemos que errar é humano, mas o que não pode acontecer é ficarmos omissos diante de falhas ou erros. Por meio do programa "Fantástico", ficamos conhecendo a história de um cidadão americano que amargou 22 anos de sofrimento numa prisão condenado por um crime que não cometeu. Recentemente exames de DNA comprovaram que ele não havia cometido o assassinato, de que fora julgado culpado.

Existem recursos disponíveis que podem ajudar-nos a crescer e a sair de uma situação desfavorável. Amar é um deles. As pessoas que passaram por reveses e deles saíram vitoriosas aprenderam a amar. Para amar é preciso ser tolerante com o próximo. "Primeiramente, saiba perdoar." No entanto, a parte mais difícil do perdão é perdoar a nós mesmos as nossas falhas e admitir que erramos. No momento em que conseguirmos perdoar ao próximo estaremos prontos a perdoar a nós mesmos e a admitir que falhamos. Quando conseguimos perdoar ao próximo e a nós mesmos, a paz interior volta e o equilíbrio se restabelece. O coração irado não consegue enxergar com lucidez a verdade e atitudes genuínas.

"O segundo passo é não prejulgar ninguém." Há uma passagem bíblica muito conhecida em que todos queriam apedrejar uma mulher por seus pecados. "Jesus Cristo exortou a multidão a atirar a primeira pedra aquele que não tivesse pecado. Todos se retiraram, sem condená-la."

> "Muitos talentos se perdem por falta de um pouco de coragem. Todos os dias desce à cova muita gente obscura a quem a timidez tolheu a iniciativa."
>
> **(Sydney Smith)**

Muitas vezes a própria pessoa condena-se, tem sua auto-estima e bem-estar abalados. Ela não deve ser julgada. Não sabemos o que se passa no seu interior. Desconhecemos os motivos que a levaram ao desânimo, à inércia, à depressão, nem mesmo sabemos o que a levou a agir de determinada forma ou a tomar decisões precipitadas. Para julgarmos alguém, devemos primeiro julgar a nós mesmos, devemos procurar o que há dentro de nós. Em outras palavras: devemos conhecer-nos. A partir desse conhecimento, poderemos verificar se o problema que se apresenta é, na realidade, como supúnhamos.

"O terceiro passo é a aceitação." Deve-se aceitar o próximo como ele é. Mesmo que esteja agindo contrariamente à nossa vontade, devemos aceitá-lo e tentar compreendê-lo. A insistência para que alguém mude sua forma de agir poderá tornar-se irritante. Nem Deus impôs sua vontade aos homens; Ele nos fez livres para agir e procurar a nossa felicidade.

Qualquer que seja o meio utilizado pelo indivíduo, com a finalidade de encontrar sua paz interior, é válido. Pode ser por meio da oração, da meditação, da massagem, da ioga, da leitura, do cinema, do teatro, do cultivo de amizades, do trabalho voluntário etc. Os desatinos acontecem quando falta à pessoa a tranqüilidade de espírito.

A busca da paz interior leva-nos a compreender quanto é importante estar bem consigo mesmo.

Muitas vezes surgem as pedras no meio do caminho e, nesses momentos, acreditamos estar sozinhos. Existe "Ele" que se importa conosco. Quando estamos desanimados pensando que Deus nos abandonou, encontramos forças por meio da oração, pois ela é a prova de nossa confiança n'Ele, é a esperança de conseguir o que almejamos.

Todos almejamos o triunfo, o êxito, o bem-estar, a saúde, o amor, a felicidade. Para tanto, devemos ter uma atitude positiva, pois este é o caminho da felicidade. Para adquirir uma atitude mental de triunfo, deve-se começar pelos cuidados que a pessoa dispensa a si própria, ou seja, ao corpo e ao espírito. Afaste pensamentos negativos, ruins, e substitua-os por pensamentos de triunfo, de idéias novas.

Sabemos a importância do amor na vida do ser humano. A exteriorização do amor é essencial para estreitar as relações entre as pessoas. O amor manifesta-se na forma de compreensão quando surgem os problemas e, na forma física, quando se busca o calor de uma companhia. Para o marido e a esposa, além das carícias, existe também a necessidade de renovação das promessas do casamento. Momento de reflexão. Como você tem agido ultimamente?

Os problemas que surgem entre os casais muitas vezes se originam do egoísmo, dos rancores e, nos dias de hoje, diríamos que os problemas podem surgir ocasionados pela competição, pelo estresse que o sucesso de um dos cônjuges possa ocasionar na vida do outro, que poderá sentir-se inferiorizado.

É necessário, em qualquer relacionamento, ser cauteloso a fim de que o companheiro/a não se sinta rejeitado/a. Expor os motivos de sua indisposição, seu cansaço, seus problemas, seus conflitos interiores, poderá fazê-lo/a compreender por que você não está bem. É muito importante que saibamos respeitar o ponto de vista do outro. O escritor Léon Hual cita como exemplo um casal em que o companheiro capta a falta do desejo da companheira. É nesse momento que deve haver empatia — a capacidade de poder sentir o que o outro sente e acolhê-lo/a em qualquer circunstância.

No silêncio da meditação, conseguiremos refletir melhor sobre a vida, sobre os filhos, sobre os problemas domésticos e, até mesmo, encontrar soluções que nos levem a compreender o porquê dos fatos.

A união do homem e da mulher forma o lar. O primeiro lar de um ser é o corpo da mãe. A construção do lar continua com o crescimento da criança e a formação da imagem que ela tem de tudo o que a rodeia. Neste lar que está sendo construído, é necessário ainda alimentação, carinho, educação e harmonia, principalmente. O amor é imprescindível, pois é com ele que se formam os bons filhos.

Além de seu lar e dos filhos, o homem encontra a felicidade também no trabalho, na sua atividade diária. Um trabalho que gera alegria e bem-estar somente poderá trazer uma boa disposição para uma vida em família. A aparência de uma pessoa reflete seu entusiasmo, sua felicidade e, certamente, seu triunfo. Quem passa por uma depressão descuida de seu aspecto. Não se importa com as críticas, não se importa com os julgamentos dos outros, não encontra motivos para dispensar cuidados a si mesma. Não se acha merecedora de tais atenções.

Qualquer problema, tensão ou angústia devemos confiá-lo a alguém. Nada melhor que a comunicação, o desabafo para alcançarmos a paz interior e para sentirmos o prazer de viver. Caso não tenhamos coragem de desabafar, por sentir-nos envergonhados, devemos procurar alguém confiável. Falar sobre tudo que o está oprimindo. E caso ainda achemos difícil essa comunicação, falemos com Deus e sentiremos o alívio completo de suas dúvidas e opressões. *"Vinde a mim todos os que estais cansados e oprimidos, e eu vos aliviarei... Porque o meu jugo é suave e o meu fardo é leve"* (Mateus 11:28 e 30).

Jesus está a par de nossas necessidades. *"Não vos inquieteis pois pelo dia de amanhã, porque o dia de amanhã cuidará de si mesmo. Basta a cada dia o seu mal"*. (Mateus 6:34)

Não nos precipitemos, não corramos contra o relógio, façamos tudo dentro do tempo certo, não queiramos fazer mais do que podemos, pois assim estaremos passando por tensões. Não prometamos o que não

> *"A contrariedade não é uma pedra em seu caminho. Depende de você transformá-la num degrau que lhe permita subir mais alto."*
>
> *(Franco Molinari)*

pode ser cumprido. Assim, evitam-se as pressões internas. As pessoas que nos rodeiam também gostam de pressionar; portanto, não nos afobemos e não nos exponhamos a inseguranças. Continuemos firmes e venceremos o medo e a pressão externa.

O homem deve sentir-se bem para estar bem em suas relações interpessoais, para liderar com habilidade, para vender idéias de forma eficaz e para agir com entusiasmo. Pessoas felizes, de bem consigo mesmas e com o próximo sentem-se motivadas, cheias de amor, satisfeitas. Vivem em paz e em harmonia. A maior motivação para viver é o amor, que alimenta as pessoas e afasta as tensões.

Quando, ao contrário, não temos a companhia de nossos familiares ou amigos, ainda assim, sentimos nosso lar como uma fortaleza que nos protege. Até mesmo estando sós, encontraremos guarida na proteção das paredes do nosso quarto e no calor de nossa cama.

Podemos dizer que todos estamos sujeitos a erros e fracassos, mas se persistirmos nos erros não poderemos livrar-nos da solidão. Ninguém de bom senso quererá, certamente, ligar-se afetivamente com alguém tão inflexível a mudanças.

A história do "Aprendiz" ressalta a necessidade da mudança para que nos tornemos pessoas fortes. Para que consigamos diferentes resultados, alterações devem ser feitas na maneira de ser e agir. Êxito vêm antes do vocábulo trabalho somente no dicionário. As reviravoltas são muito bem-vindas de vez em quando.

Todos nós temos uma vaquinha que nos dá o básico para nossa sobrevivência e a convivência com a rotina. Aproveite o momento e empurre sua vaquinha morro abaixo a fim de que possa transformar sua vida e consiga atingir as metas tão desejadas.

Podemos encerrar este capítulo com esta bela mensagem: "*Ama a vida assim como é, com seus dias escuros e seus dias de sol, com suas lágrimas e sorrisos, com suas derrotas e suas vitórias. Não te desesperes por causa de tuas dores imaginárias e suporta pacientemente as reais.*" (G.Gladstone)

Aprendiz

"Com seu fiel discípulo, um sábio passeava por uma floresta quando repentinamente avistou, ao longe, um sítio de aparência muito pobre e resolveu parar para fazer uma breve visita aos que lá moravam.

Durante o percurso, o sábio falou ao aprendiz sobre a importância das visitas e sobre as oportunidades de aprendizado que temos também com as pessoas que mal conhecemos.

Chegando ao sítio, constatou a pobreza do lugar, casa de madeira, móveis velhos e quebrados. O casal e os três filhos usavam roupas rasgadas e um pouco sujas. O sábio aproximou-se do senhor, aparentemente, o pai daquelas crianças e perguntou:

—Neste lugar não há sinais de comércio e de trabalho. Como sobrevivem aqui?

—Nós temos uma vaquinha que nos dá muitos litros de leite todos os dias. Uma parte desse leite vendemos ou trocamos por outros gêneros alimentícios; com a outra parte, produzimos queijo, coalhada para o nosso consumo e, assim, vamos sobrevivendo.

O sábio agradeceu-lhe a informação e a "prosa", contemplou o lugar por uns momentos, depois se despediu e foi embora. No meio do caminho, voltou ao seu fiel discípulo e ordenou:

—Aprendiz, pegue a vaquinha e leve-a ao precipício, ali na frente, e empurre-a, jogue-a lá embaixo.

O jovem arregalou os olhos espantados e questionou o mestre sobre o fato de a vaquinha ser o único meio de sobrevivência daquela família. Como conhecia muito bem seu mestre, percebeu o silêncio e cumpriu a ordem.

Empurrou a vaquinha morro abaixo e a viu morrer. A cena ficou marcada na memória daquele "aprendiz" durante alguns anos. Um belo dia, ele resolveu largar tudo o que havia aprendido com o mestre e voltar àquele lugar mesmo lugar e contar tudo àquela família e pedir perdão a todos e ajudá-los.

Assim fez. Quando se aproximava do local, avistou um sítio muito bonito, com árvores floridas, todo murado, carro na garagem, crianças brincando, jardim bem cuidado. Ficou desapontado. Imaginou que aquela humilde família tivera de vender o sítio para sobreviver. Apertou o passou. Chegando ao sítio, logo foi recebido por um caseiro simpático. Perguntou a ele sobre a família que ali morava há uns quatro anos, e o caseiro respondeu:

—Continuam morando aqui.

Espantado, ele entrou correndo na casa. Confirmou que era a família que visitara anteriormente com o mestre. Agora, entusiasmado, elogiou a benfeitoria feita no local e perguntou ao senhor – dono da vaquinha:

—Como melhorou o sítio?

E o senhor, entusiasmado, respondeu:

—Nós tínhamos uma vaquinha que caiu no precipício e morreu. Daí em diante, tivemos de fazer outras coisas e desenvolvemos habilidades que nem sabíamos que tínhamos. Por isso, alcançamos o sucesso que seus olhos vislumbram agora."

Capítulo IV
A importância da comunicação e do diálogo

"O sábio não desdenha aprender lições com ninguém." (Tratado dos Princípios)

A família oferece um porto seguro a todos os seus membros. Nos momentos indesejáveis pelos quais passamos lá está ela para ajudar o ente querido e para animá-lo. Ela é representativa na formação intelectual e moral dos indivíduos. No seio da família, podemos aprender valiosas lições de amor e de companheirismo. Durante o convívio familiar, a criança aprende a ser mais humana, a amar, a formar sua personalidade, a desenvolver sua auto-imagem e a relacionar-se com o semelhante.

O papel da família é imensurável. Todos nós que pertencemos a uma família, conhecemos sua importância. Muitas vezes não nos relacionamos bem com todos os membros, mas há aqueles por quem temos mais afeição e nos desdobramos para ajudá-los e torná-los felizes. A mãe e o pai são bons exemplos. Temos um importante papel para exercer no âmbito familiar e profissional. Devemos constantemente rever nossos papéis a fim de que possamos ser criaturas justas.

Constatamos que a função da família é a defesa da vida, ou seja, ela que nos faz alcançar tal objetivo por meio do processo de educação; ensina ações que preservem a vida, tais como: cuidados físicos, desenvolvimento da capacidade de relacionamento familiar e social, aptidão para atividade produtiva e inserção profissional, e a transmissão e criação de normas culturais destinadas à convivência em geral.

A função da escola é, primordialmente, orientar para a vida. Educadores, por meio de atividades bem

> *"Os pensamentos que escolhemos são as tintas que usamos para pintar a tela de nossa vida."*
>
> **(Louise Hay)**

selecionadas, estimulam as crianças a pensar e a desenvolver-se. A formação sociocultural é papel não só da família mas também da escola.

A escola comumente concentra seus esforços naquelas atividades consideradas mais importantes para dar ao indivíduo uma vida plena. A escola pretende ainda que o homem venha participar, responsavelmente, da sociedade. Além disso, forma o profissional para que possa, por meio do trabalho, realizar-se, sustentar a si mesmo e à sua família e, sobretudo, contribuir para a melhoria da sociedade.

Uma nação deve ser constituída por um povo organizado sobre um território, estando sob o comando de um poder supremo, para fins de defesa, ordem, bem-estar e progresso social. Como parte integrante de uma nação temos <u>direitos</u>, <u>deveres</u> e <u>garantias</u>.

Além dos grupos sociais citados, uma pessoa integra outros — recreativos, profissionais, culturais, religiosos. O ser humano tem necessidade de sociabilizar-se.

Os indivíduos vivem questionando a própria existência e o sentido dela. Para simplificar o assunto, podemos afirmar que o homem tem habilidades em diferentes áreas:

<u>Intelectual</u>: capacidade para resolver problemas, criatividade e senso crítico.

<u>Emocional</u>: capacidade para suportar momentos difíceis, compreensão, exposição das emoções, tolerância, equilíbrio para situações complicadas, presença do otimismo.

<u>Físico</u>: habilidades corporais e manuais.

<u>Social</u>: sociabilização com amigos, família, expressão das idéias e gerenciamento de grupos.

<u>Econômico</u>: valorização do trabalho, emprego racional do dinheiro.

<u>Espiritual</u>: solidariedade, reconhecimento da presença importante do Benfeitor — Deus.

A pessoa munida de inúmeras virtudes terá a habilidade para transformar todos os seus dias. Com maturidade espiritual, o indivíduo levará uma vida equilibrada.

> *"A sorte é o resultado de um plano bem elaborado."*
> **(Branch Rickey)**

Se não existir equilíbrio, é muito complicado e difícil suportar todos os problemas. Em perfeita harmonia, o indivíduo consegue permanecer preenchido em várias áreas de sua vida. Certamente, sentir-se-á leve, flutuante e cheio de energia.

Fundamentos imprescindíveis para o gerenciamento de sua vida profissional e pessoal

Para atingir os propósitos, devemos observar certos detalhes como:

1º <u>Planejamento</u>: é a estrutura do projeto. Deve atender às seguintes questões: Que atividades realizar? Com que intuito? Com que elementos? Que resultados esperamos obter? Em qual prazo?

2º <u>Organização</u>: é fazer acontecer o planejamento. Coordenando as ações é possível que a meta seja alcançada

3º <u>Direção</u>: é o líder exercendo seu papel. A organização precisa de liderança para decidir entre os caminhos da execução do plano. Você é o arquiteto da sua vida.

4º <u>Controle</u>: é a verificação constante dos processos de produção, objetivando estabelecer ajustes e melhorias.

No gerenciamento da vida pessoal, precisamos de planejamento, organização, direção e controle. Não deixemos de lado: o amor-próprio, a autoconfiança, autodireção e a mobilidade. Devemos colocar em execução os princípios básicos do gerenciamento, como se a vida fosse uma empresa. Nenhuma empresa mal administrada consegue obter êxito. Nossa vida, mal administrada, também não será um sucesso. Somente agindo racionalmente colheremos bons frutos. A empresa visa ao crescimento. Administre bem a maior empresa: sua vida.

A vida humana tem infinitas variáveis nos campos emocional, intelectual, físico e econômico. Torna-se necessário administrar os recursos financeiros. Para isso cada ser humano precisa gerenciar sua própria vida. Um verdadeiro gerenciamento da vida é obtido com a utilização racional das competências.

Existem princípios fundamentais para quem deseja gerenciar eficientemente a própria vida:

1º relacionar-se bem socialmente;

2º desenvolver uma personalidade atraente;

3º projetar uma imagem favorável;

4º administrar bem o tempo;

5º esforçar-se para obter resultados positivos em sua área e

6º aprender continuamente e não ter medo de mudar.

Todo ser humano é dotado de capacidades que lhe permitem transformar e criar as circunstâncias que podem melhorar a sua vida. Para alcançar níveis altamente satisfatórios da existência, é necessário que cada indivíduo tome suas decisões baseadas em suas potencialidades e em seus pontos vulneráveis. A conquista de bons resultados depende de uma visão bastante ampla que possibilite a ele uma escolha sensata.

Antes das sugestões para gerenciamento de sua vida, pense como um vencedor.

1ª Sugestão: Atitude positiva

Conseguiremos a felicidade se também nos preocuparmos com o bem-estar do próximo, isto é, fazer o bem, ser generoso. A benevolência é uma das grandes virtudes que deve pautar no comportamento do homem. Deve-se pensar em ser benevolente sempre. Pense em ser <u>benevolente</u>, <u>determinado</u> e <u>corajoso</u>. A <u>benevolência</u> assegura fortuna para quem pratica o bem. A <u>determinação</u> assegura sucesso para quem quer progredir. A <u>coragem</u> assegura força para quem quer seguir em frente sem olhar para trás. O passado já passou. Pense no presente! Seu futuro dependerá dos atos realizados no presente. Para alcançar a felicidade, temos que manter a capacidade de amar a beleza, a bondade e a verdade, principalmente.

Deus criou os seres humanos com a marca da individualidade para viverem em comunidade e serem os atores e espectadores de sua própria vida. Por isso, é necessária uma visão realista de si próprio. Nunca seremos felizes se buscarmos apenas o prazer egoísta.

2ª Sugestão: Auto-estima elevada

Quem constrói uma auto-estima positiva tem, conseqüentemente, uma auto-imagem melhor que se traduz em mais capacidade de correr riscos, ousar e romper limites. O único jeito de fortalecer a auto-estima é aprender a gostar de si mesmo e praticar constantemente a auto-aceitação.

Dar valor a si mesmo e sentir-se digno de atenção e respeito é o primeiro passo para internalizar o sentimento de importância. Se me vejo como alguém que merece ser ouvido, certamente expressarei minhas palavras com mais confiança e segurança. Agindo assim, estarei exercendo meu papel. Ser solidário e participativo, quando chamado, pode trazer bons resultados para o outro. As pessoas, de modo geral, têm muito a contar, precisam exteriorizar sentimentos para que se sintam bem. Nosso papel é saber ouvir e, se for o caso, opinar. Ter consciência do próprio valor ajuda a fortalecer a personalidade.

A auto-estima positiva impulsiona para a autonomia em relação às

> *"O homem deve ser grande o suficiente para reconhecer seus erros, esperto o suficiente para beneficiar-se deles e forte o suficiente para corrigi-los."*
>
> **(John Maxwell)**

> ## *Sim, eu posso!*
>
> *"Se você **pensa** que está vencido, você está,*
> *Se você **pensa** que não ousa, não o faz.*
> *Se você gostaria de vencer, mas **pensa** que não pode,*
> *É quase certo que não vencerá.*
> *Se você **pensa** que perderá, já perdeu,*
> *Pois neste mundo constatamos*
> *Que o sucesso começa com a vontade,*
> *Que é tudo um estado de espírito.*
> *Se você **pensa** que está superado, já está,*
> *Você precisa **pensar alto** para subir*
> *É preciso confiar em si mesmo*
> *Antes de poder ganhar um prêmio.*
> *As vitórias da vida nem sempre vão*
> *Para o mais forte ou mais rápido,*
> *Mas, cedo ou tarde, quem vence*
> *É aquele que **pensa que pode!**"*
>
> *Autor anônimo*

comunicações e ajuda a valorizar os recursos internos que viabilizam as relações mais integradoras. Permite um contato psicológico saudável da pessoa consigo mesma e a chance de uma auto-análise baseada mais em fatos do que nas alucinações provocadas pelo complexo de inferioridade, sabotador do desenvolvimento das nossas habilidades e talentos. Tal complexo destrutivo não colabora para o crescimento sadio do homem. Por isso, tente afastá-lo.

Uma sugestão, que pode ser seguida, é usar a oração como bálsamo dinamizador da vida. Ela é o nosso contato íntimo com Deus. Cada um sabe quando é a melhor hora de ter esse contato. Deus amounos tanto que deseja estar em comunicação conosco. Comunicar-nos com Deus significa sentir sua palavra e, com fé, colocá-la em ação. Na vida do homem, a oração é importante porque é o meio mais eficaz de nos sentirmos protegidos.

> *"Lembre-se de que você se movimenta em direção àquilo em que pensa constantemente."*
> **(Anthony Robbins)**

Ainda no campo religioso, destacamos que cada pessoa deve procurar aquilo que lhe traz conforto. Alguns optam pela leitura, pela massagem, pela ioga, pelo silêncio etc. A forma de sentir-se bem varia de indivíduo para indivíduo. Alguns optam por freqüentar um clube, uma academia de ginástica, cursos etc.

O viver bem engloba não só a parte emocional mas também a parte física. Há necessidade de cuidarmos de nosso corpo, pois é fundamental para o nosso bem-estar. Sabemos que não lhe damos o devido valor. Alimentamo-nos mal, dormimos mal e nem pensamos no seu valor. O corpo é aliado de nossas realizações e, ao longo de toda nossa trajetória, mantê-lo sadio é primordial.

A pessoa, para ter boa saúde, deve alimentar-se adequadamente, praticar exercícios regularmente, superar o estresse e usar racionalmente o tempo. Viver em harmonia facilita ao ser humano pôr em ação seus conhecimentos e habilidades. Asseio e boa apresentação pessoal são dois fatores importantes à saúde do ser humano. Não podemos também negligenciar o sono e o descanso. Em suficiente quantidade, prolongam a vida; em excesso, deprimem e causam letargia.

Tarefas e lazer construtivo fazem bem ao corpo e à mente.

O trabalho é o principal meio que o ser humano dispõe para sustentar a si próprio e a sua família. Também é uma instância em que as pessoas se aperfeiçoam e se realizam. O trabalho tem um caráter social, uma vez que serve aos outros e realiza-se com os outros. Para que o trabalho seja bem executado, são necessárias dedicação e disposição.

A passagem do trabalho à inatividade pode provocar crise tanto em homens quanto em mulheres. Os médicos já constataram que a principal causa da depressão em aposentados é a ociosidade, dificuldades econômicas e o mau uso do tempo.

A aposentadoria deve ser planejada, já que é uma fase crítica da pessoa, quando ela muda completamente de rotina. As pessoas previamente preparadas para a aposentadoria sofrem menos traumas. Algumas se preparam para viver confortavelmente esta nova fase; enquanto outras vêem nesta fase um insulto à sua elegância, sexualidade e capacidade de trabalho. A preparação deve buscar enriquecer nossas vidas; melhorar o estado de ânimo; oferecer alternativas para a administração do tempo livre.

A maioria tem uma noção errada do que é usar o tempo livre produtivamente. É uma etapa da vida, durante a qual se pode aumentar o nível de satisfações pessoais.

Planejar a aposentadoria também significa investir numa nova atividade que possa aliar algum rendimento com prazer. Por exemplo: uma pessoa habilidosa em pequenos consertos – roupas, eletrodomésticos – pode transformar essa capacidade em fonte de renda. Uma pessoa produtiva e criativa pode melhorar sua qualidade de vida após aposentar-se. Basta não relacionar aposentadoria com velhice e sentimento de inutilidade.

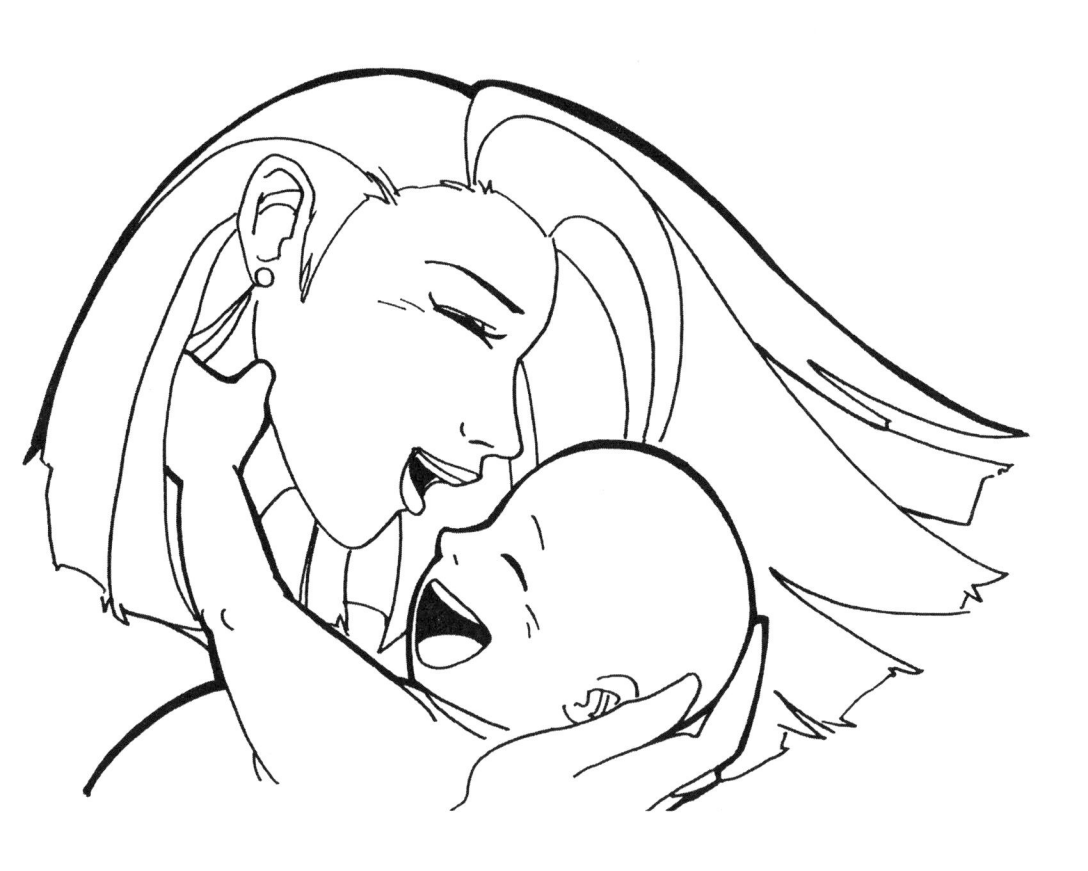

Capítulo V
Autenticidade

"Se não tens a liberdade interior, por que esperas obter outra liberdade?" (A. Graf)

Não é desconhecido o fato de que a propaganda utiliza elementos de psicologia para promover a venda de produtos. A recente campanha publicitária de uma conhecida marca de refrigerante serve de exemplo para esta situação. Uma das expressões empregadas nos anúncios dessa bebida são mais ou menos assim: "Alguma coisa tem de ser autêntica aqui". Porque são apresentadas situações improváveis: amor à primeira vista, conquistas amorosas repentinas, por exemplo. Nessas situações, apenas o refrigerante é o que há de autêntico. O que é algo autêntico? É algo verdadeiro, legítimo, positivo. Autenticidade significa veracidade, fidedignidade, legitimidade. Os referidos comerciais televisivos apresentam exatamente elementos improváveis, sinceridade impossível (exagerada), falta de veracidade, falta de originalidade. Por quê? Para que se destaque o produto: possuidor das características opostas em meio àquelas situações mostradas na peça publicitária.

Ser autêntico significa ser representante da verdade. Observe que muitos documentos para ter valor precisam ser autenticados em cartório. As cópias devem ser comparadas com o original. Precisam ser verdadeiras como o original. As ações humanas também devem ser legítimas. Os nossos atos devem corresponder ao nosso pensamento. A fala, por exemplo, é um ato, a escrita também.

Quando minha fala não representa o que penso, não estou sendo sincero, não estou sendo autêntico. Como se fossem cópias de meu interior, a fala ou a escrita não devem retratar enganosamente esse meu interior.

> "O mundo se sustenta de três coisas: verdade, justiça e concórdia."
>
> **(Tratado dos Princípios)**

Chegamos aqui à questão da congruência. Essa palavra tem como sinônimo, entre outros, coerência, conformidade, conveniência. Ser coerente é ser conveniente. É necessário que exista conformidade entre nosso interior e o que exteriorizamos. Se digo que amo, devo realmente amar. Os conquistadores baratos não revelam conformidade, porque mentem para conquistar namorada, emprego, subir na vida. Com desonestidade, fica mais fácil adquirir bem materiais. Seja congruente, isto é, apropriado, coerente.

Ouvi certa história em que um simples funcionário de uma empresa dizia à namorada que era diretor. Chegam até a se casar. Certo dia, a esposa vai até ao trabalho do marido e descobre a verdade. O casamento se desfaz. Há muitas histórias semelhantes, em que não se verifica autenticidade, em que há falta de congruência. Podemos observar que em tais atitudes se chega ao crime. Muitos são condenados por falsidade ideológica. A má-fé é tão grande que causa não só prejuízos materiais mas também morais.

Quanto à incongruência, esta não é apenas individual. Podemos encontrá-la no social. Por exemplo, nosso sistema de ensino público, fundamental e médio.

Já ouvi dizerem que esse sistema é uma máquina, uma máquina podre. Por quê? Porque não é coerente em relação ao ensino em si. Trata-se de uma estrutura organizada: diretores, secretários, professores, funcionários, dependências (instalações) tudo isso coordenado por inspetores e outros cargos fiscalizadores. Trata-se de uma instituição antiga, por isso bem articulada.

Onde está a incoerência? Resposta: Na quantidade de horas/aula, na quantidade de matéria, na falta de preparo dos professores, no baixo salário, na falta de equipamentos modernos, na supervisão. Enfim, promete-se muito ao aluno e pouco lhe é dado. A escola não ensina o que o jovem necessita e o que vai usar na vida. Já ouvi professor de Matemática, por exemplo, dizer que é obrigado a diminuir pontos do programa porque os alunos já vêm com defasagem de conteúdo e não estão aptos a aprender o necessário. Isso deve ocorrer em todas as matérias do currículo, principalmente em Língua Portuguesa. Esta deveria ser dada por três professores bem preparados, não apenas um. Na verdade são três matérias dadas como uma: literatura, gramática e redação.

Dissemos que uma pessoa é incongruente quando seu interior não está de acordo com o seu exterior. Socialmente, no caso a escola, repetimos, esta é incongruente: uma organização perfeita cujo produto final (o aluno) não é respeitado. A escola (principalmente pública) precisa harmonizar-se com o aluno. Onde está o problema? Nos objetivos da escola? Na impotência dos alunos? Seria melhor mais dias de férias para que o aluno não ficasse sobrecarregado?

Enfim, são muitos os problemas. O professor, se não tem o pior salário na sociedade, não possui um salário mediano. Falta ao mestre dinheiro e tempo para se preparar melhor, atualizar-se. E ao aluno? Que lhe falta? Melhores métodos de ensino? Alimento? Mais modernidade no ensino? Seriedade da instituição para que ele a valorize?

O professor precisa ser congruente. A escola precisa ser congruente. O aluno precisa ser congruente. Aguarda-se a harmonia. É necessário autenticidade (verdade) ao mundo dos estudos. Contudo, se pensarmos que os recursos humanos (professores, alunos, funcionários, diretores, pais) são o que há de mais importante na escola e na vida, veremos que o pensamento individual pode ajudar a melhorar esse impasse.

Desse modo, cada um pode tratar de ser autêntico; se assim o fosse, logicamente com responsabilidade, generosidade, bom senso, com o passar do tempo, a escola e a vida seriam elementos congruentes.

Capítulo VI
Respeito ao outro

"Não pense unicamente em seus próprios interesses, mas preocupe-se também com o outro e com o que ele está fazendo". (Filipenses 2:4-5)

Cada ser humano vê o mundo por uma perspectiva diferente, cada visão apresenta diferentes aspectos. A distância, vêem-se melhor os aspectos gerais. Com a proximidade, perde-se a amplitude, ganha-se precisão, vendo-se os detalhes. A perspectiva pode ser o panorama que você observa a distância, percebendo a aparência das coisas. Pode ser também o ponto de vista pelo qual observa os objetos distantes ou próximos, ou o modo pelo qual entende uma questão. Não há duas pessoas com o mesmo ponto de vista.

Comunicando-se, elas podem chegar a um acordo. Uma parte pode compreender e respeitar o ponto de vista da outra, mas nunca terão a mesma perspectiva.

A essência do que se passa no íntimo de cada ser humano só pode ser captada parcialmente, apesar de alguns autoritários manipuladores quererem desvendar e expor a subjetividade humana em toda sua essência.

Para perceber a perspectiva do outro, é preciso ser responsivo às necessidades, aos desejos, opiniões, crenças e interesses dos outros. Mas quem não se conhece, nem se respeita, não tem a condição básica para conhecer e respeitar o outro. A noção da perspectiva do outro não é só uma questão de sensibilidade social, mas também de sobrevivência. Ignorar sistematicamente o ponto de vista do outro significa abandono, solidão e isolamento, pela incapacidade de fazer trocas. A falta dessa interação resulta em amargura e forte ressentimento.

Saber o que está dentro de outra pessoa é uma tarefa impossível. Não é importante para o relacionamento desnudar psiquicamente a pessoa, torná-la transparente, saber o que ela pensa. Não importa muito o conteúdo da perspectiva individual, os fatores, os atributos positivos e negativos. Interessa sim a forma como o indivíduo se relaciona, a maneira como estabelece vínculo, como age nas interações. É isso que facilita a compreensão mútua. A evolução social, a conduta, a moral adequada e a satisfação das necessidades básicas do indivíduo dependem muito mais de como ele se coloca na relação com o mundo real, do que do desvendamento do mundo subjetivo dos outros.

Entramos em contendas, provocações e conflitos influenciados pela perspectiva com que encaramos os eventos da vida. Quando há dificuldade na conciliação de dois pontos de vista opostos, um problema pequeno pode transformar-se numa grande dificuldade. Dependendo das posições tomadas para analisar o problema, ele pode tornar-se uma dificuldade que leva a um rompimento traumático das relações. Se as posições se radicalizam, um se torna cego e surdo para o ponto de vista do outro.

Quanto mais incompreensão, maior a radicalização nas idéias pessoais. As posições se cristalizam de tal maneira que cada um se afunda mais no próprio ponto de vista, sem a mínima disposição de entender o do outro.

Compreender e aceitar está fora de cogitação. Para compreendermos a perspectiva do outro, precisamos acreditar no fato de que ele está agindo com a melhor das intenções. Ele está buscando, da melhor maneira que sabe, satisfazer as próprias necessidades: não está nos combatendo. Radicalizar é uma maneira inadequada de atingir a satisfação mútua. Saber que as perspectivas são diferentes para cada ser humano não facilita a relação nem a solução dos conflitos. Não é suficiente pensar ou sentir. É preciso também aceitar e praticar até ser incorporado o hábito de ver e ouvir o outro.

Ser receptivo à posição do outro não implica necessariamente ter de concordar, nem submeter. Mas é preciso ouvir, entender e respeitar. A perspectiva do outro precisa ser levada em consideração em todas as transações, para que as semelhanças e diferenças sejam determinadas.

Até para amar é preciso compreender que as perspectivas do outro são tão válidas quanto as nossas.

> "Respeito é o criador de unidade e o destruidor de maus sentimentos com relação a si e aos outros."
>
> *(Kiran Coyoti)*

O respeito é contrário à mentira. Ele manifesta-se pela coerência entre o que se pensa e o que se diz (e faz). O paradoxo disso é que não queremos ser fiéis a ele quando é a raiva que guia nossos passos. Percebe-se, então, que a sinceridade, como a mentira, também se comunica. Deve-se amar a verdade para poder aceitar a presença dela nos outros.

O respeito é contrário ao egoísmo. Quando cada um se põe a buscar somente vantagens para si e se esquece dos outros, cessa a comunicação. Comunicar é, antes de tudo, compreender, é esforçar-se para compreender o outro, não pode ser, portanto, separado de respeito. No entanto, por medo de dar mostras de fraqueza, nós nos fechamos e isso limita a nossa compreensão. Ouvir o outro e reconhecer que ele tem direito de pensar diferente é ser humilde e generoso, é demonstrar força e confiança em si mesmo. Não é ser fraco. Ora, compreender o outro não significa necessariamente concordar com ele, mas entender as leis que o movem, como se dão seus raciocínios. Daí a oposição e a crítica nos irritarem tanto: nossa razão e coração têm por indiscutível tudo o que construímos para nós com tanto esforço. Tal rejeição é, então, a medida de nossas dúvidas.

O respeito é contrário à violência. Demonstrações de violência são, na verdade, tentativas de esconder alguma impotência. Tudo isso pode ser resolvido por meio de uma boa conversa em que todos os participantes, serenamente, podem falar e ser ouvidos. O que diferencia o homem dos outros animais é a comunicação perfeita que possui.

A comunicação pelas palavras é uma das grandes paixões humanas, e faz que emparelhemos nosso espírito com um outro diferente. É difícil, quando exigido, entrar num "combate" e ceder, mas o pensamento só se prova quando passa pelo crivo da contradição. É por isso que o homem gosta de participar do combate das palavras: quando se trata de persuasão, o gosto de derrubar alguém pode tornar-se mais forte do que o gosto por comunicar-se. E isso pode destruir pessoas e destruir relacionamentos. Muitas vezes as pessoas discutem por tanto tempo que já nem se lembram por que iniciaram a discussão, mas continuam debatendo só para ver quem dará a última palavra e assim sairá vitorioso. Será mesmo que dessa situação sairá um vencedor?

Capítulo VII
A postura

"Você não pode fugir da responsabilidade de amanhã, esquivando-se dela hoje". (Abraham Lincoln)

A postura aparece como pré-requisito para os candidatos a emprego. Fala-se muito em postura, nos livros, nas revistas, enfim, na mídia.

Não é difícil perceber que existe uma postura física e outra psicológica. Recomenda-se ginástica para a aquisição de uma postura física adequada. Postura para andar, postura para sentar, postura para ouvir, postura para falar. A postura física deve ser complementada com a vestimenta. Poderíamos até falar numa postura de vestir que subentende a elegância nos trajes. Roupa, corpo, gestos se agrupam para formar a postura que se vê.

Mas existe a postura que está além do físico. Não tão além do físico, porque a fala, constituída pelo som, também está no campo físico. Mas a fala tem muito de psicológico, daí a psicolingüística. Muito de social, daí a sociolingüística.

Quem fala revela a postura de sua classe social. Conhecemos, ou é possível conhecer, uma pessoa mediante seu discurso. É verdade que as fases da vida dão às pessoas posturas próprias. O cargo ou função também cria tipos. Com a idade vamos criando cacoetes, posturas.

Nas crianças, encontra-se menos afetação. Elas não possuem, penso eu, um padrão de gesto ou posturas. Talvez, por isso, não sejam monótonas, nem previsíveis; são mais espontâneas, não têm obrigação ou necessidade de ser julgadas a todo o momento. O adulto, às vezes, é triste.

> *"Não há nada que proporcione maior vantagem a uma pessoa do que permanecer sempre calma e serena diante de todas as circunstâncias."*
>
> *(Thomas Jefferson)*

Lembro-me de um casal de classe média que expunha seu orçamento, isto é, seus salários e suas despesas com filho, escola, casa. O casal explicava tudo sem um sorriso; graves, até tristes. Será isso efeito da situação do momento? Tenho observado, acredito que outras pessoas já o observaram, que a classe considerada média é a que se apresenta mais temerosa, menos caridosa e mais ambiciosa. Nisso reside, penso, o medo de perder o emprego e o "status", caindo assim entre os desvalidos que têm motivo para estar sempre abatidos.

As profissões tornam os homens sérios, obrigam-nos a essa postura. Principalmente se ocupam os cargos que lhes dão o que se chama autoridade. Um passo em falso, e puxam-lhes o tapete! Existe mais descontração entre os pobres mortais. Por isso é que digo que uma boa terapia é olhar as crianças. Não possuem pose, são apenas crianças. Possuímos em nós a criança. Mas temos vergonha de mostrá-la. Temos de escondê-la para não sermos ridículos aos olhos dos demais.

Como já mencionei, existe a postura que não é completamente física. Está relacionada à fala, ao discurso que também pode ser escrito, desenhado, pintado. Podemos incluir aqui a postura não só artística, mas também política.

Fulano é socialista, é comunista, é democrata. Tal psicólogo segue a linha freudiana, jungiana, lacaniana. Esse pintor é cubista, é impressionista, é expressionista. Trata-se de posturas.

Portanto, as posturas constituem a nossa pessoa. Atraem para nós simpatia ou antipatia. Quando nós gostamos do jeito pelo qual uma pessoa se expressa, gostamos de sua postura. Os oradores, os palestrantes, os apresentadores de TV ou de rádio chamados carismáticos, em geral, têm boa postura. Eles conquistam a simpatia do auditório. Do mesmo modo, o professor que faz sucesso entre os alunos. É possível que em sua boa postura exista certa dose de autoridade (no bom sentido). Autoridade que se baseia no reconhecimento das pessoas que elegem o ser carismático. Vemos aqui características que poderíamos chamar de subjetivas. Por que uns agradam e outros não?

Daí, a necessidade do autodomínio, para tentarmos conseguir uma postura que nos atraia a simpatia de nossos semelhantes, sem que percamos a nossa individualidade.

Capítulo VIII
Generosidade

"Se você quer um ano de prosperidade, cultive trigo. Se você quer dez anos de prosperidade, cultive árvores. Se você quer cem anos de prosperidade, cultive pessoas". (Provérbio chinês)

René Descartes, o grande filósofo francês, afirmava que a generosidade é um dos remédios contra os desejos inúteis.

Para esse pensador, a verdadeira generosidade conduz a pessoa a estimar-se no mais alto grau, de forma legítima. E para que tal aconteça é necessário seguir perfeitamente a <u>virtude</u>.

Para o filósofo, o contentamento de nossa alma se prende à necessidade de seguir estritamente a virtude. Isso implica que vivamos de modo que nossa consciência não nos acuse de termos deixado de fazer todas as coisas que consideramos como as melhores. Daí, decorre uma satisfação capaz de nos conduzir à felicidade, o que nos traz a tranqüilidade de nossa alma. Aqui temos a idéia de auto-satisfação: a satisfação consigo mesmo.

Do ponto de vista de Descartes, podemos estimar ou desprezar a nós mesmos. Aí já temos as idéias de auto-estima e de autodesprezo. Mas a generosidade que esse filósofo apregoa impede que essa idéia de desprezo vingue, tanto em relação a nós quanto em relação aos outros.

Nessa questão da generosidade, pelo menos na tradução brasileira de *As paixões da alma*, de Enrico Corvisieri, René Descartes não emprega a palavra empatia. No entanto, o que este usa como argumento para provar que a generosidade impede que desprezemos os outros pode ser considerado o que contemporaneamente se chama empatia. Isto é, colocar-se no lugar do outro.

Aproveitamos este momento para citar um trecho, cujo título é "A

> *"Generosidade traz valor e benefício para aqueles que recebem e satisfação para aquele que dá."*
>
> **(Kiran Coyoti)**

generosidade impede que se desprezem os outros", da obra citada no parágrafo anterior:

Aqueles que possuem esse conhecimento (da generosidade) e sentimento de si próprios, convencem-se com facilidade de que cada um dos outros homens também os pode possuir de si, porque nisso nada existe que dependa dos outros. É por isso que jamais desprezam alguém; e, apesar de verem muitas vezes que os outros cometem faltas que fazem emergir suas fraquezas, sentem-se mais propensos a desculpá-los do que a reprová-los e a acreditar que é mais por falta de conhecimento do que por falta de boa vontade que as cometem.

Segundo observações de Descartes, a generosidade é como a chave de todas as outras virtudes, e a virtude é uma das coisas que dependem de nós.

Na história "O céu e o céu", há uma personagem muito especial que não pensa somente na própria sede. Atitudes como a desse homem devem ser copiadas. Viveríamos muito bem se cada um pensasse no semelhante e dividisse com ele e com os animais o pão de cada dia.

O céu e o céu

"Um homem, seu cavalo e seu cão caminhavam por uma estrada. Depois de muito caminharem, o homem se deu conta de que ele, seu cavalo e seu cão haviam morrido num acidente.

Às vezes os mortos levam tempo para se dar conta de sua nova condição...

A caminhada era muito longa. Morro acima, o sol era forte, e eles ficaram suados e com muita sede.

Precisavam desesperadamente de água. Numa curva do caminho, avistaram um portão magnífico, todo de mármore, que conduzia a uma praça calçada com blocos de ouro, no centro da qual havia uma fonte de onde jorrava água cristalina.

O caminhante dirigiu-se ao homem que guardava a entrada.

– Bom dia, ele disse.

— Bom dia, respondeu o homem.

— Que lugar é este, tão lindo? Ele perguntou.

— Isto aqui é o céu – resposta do homem.

— Que bom que nós chegamos ao céu. Estamos com muita sede, disse o homem.

— O senhor pode entrar e beber água à vontade, disse o guarda, indicando-lhe a fonte.

— Meu cavalo e meu cachorro também estão com muita sede.

— Lamento muito, disse o guarda. Aqui não se permite a entrada de animais.

O homem ficou muito desapontado porque sua sede era grande. Mas ele não beberia da água, deixando seus amigos com sede.

Por isso, prosseguiu o caminho. Depois de muito caminharem morro acima, sedentos e cansados, ele chegou a um sítio, cuja entrada era marcada por uma porteira velha semi-aberta. Ela se abria para um caminho de terra, com árvores dos dois lados que lhe faziam sombra. À sombra de uma das árvores, um homem estava deitado, cabeça coberta com um chapéu, parecia que estava dormindo.

— Bom dia, disse o caminhante.

— Bom dia, disse o homem.

— Estamos com muita sede.

— Há uma fonte naquelas pedras, disse o homem indicando o lugar. Podem beber à vontade.

O homem, o cavalo e o cachorro foram até a fonte e mataram a sede.

— Muito obrigado, disse ao sair.

— Voltem quando quiserem, respondeu o homem.

— A propósito, disse o caminhante, qual é o nome deste lugar?

— Céu, respondeu o homem.

— Céu? Mas o homem na guarita ao lado do portão de mármore disse que lá era o céu!

— Aquilo não é o céu, aquilo é o inferno.

— O caminhante ficou perplexo.

— Mas, então, disse ele, essa informação falsa deve causar grandes confusões.

– De forma alguma, respondeu o homem. Na verdade, eles nos fazem um grande favor, porque lá ficam aqueles que são capazes de abandonar seus melhores amigos..."

Autor desconhecido

Capítulo IX
Momentos de decisão

"Pode ser que você se decepcione se falhar, mas estará perdido se não tentar." (Beverley Sills)

Um amigo muito especial me dizia que resolvera fazer um curso de informática. Pretende escrever mais um livro e não quer fazê-lo numa máquina de escrever. Quer aproveitar os recursos do computador para a edição de textos. Ele é um jornalista e, ainda, escreve à máquina, apesar de dispor de computadores em seu ambiente de trabalho. Portanto, decidiu freqüentar esse curso, coisa que ele pretendia fazer havia muito tempo. Isto é, vinha *procrastinando* esse desejo e essa necessidade. Ele vinha adiando essa importante decisão. Procrastinar tem adiar como sinônimo, portanto procrastinação significa adiamento. Quantas vezes, em nossas vidas, comportamo-nos como esse amigo? Enfim, o momento para as decisões sempre aparecem e não há como fugirmos dele.

Dizia-me esse amigo que a hora de fazer as coisas que pretendemos é sempre o momento presente. Será que eu poderia citar aqui Geraldo Vandré e sua canção que diz "Quem sabe faz a hora não espera acontecer"? Acho que sim. Existe um filme brasileiro que trata dessa questão do tempo relacionado às nossas ações. Filme baseado em obra de Guimarães Rosa, o título é *A hora e a vez de Augusto Matraga*. Matraga tem o seu momento, momento de escolha. Afinal, todos temos um momento, não é? Meu amigo teve o seu momento de decisão, também. Estuda informática e poderá escrever seu livro diretamente na "máquina" e fazer as alterações que quiser sem perder tempo, que lhe é escasso.

Existem momentos em que temos de ser resolutos (=decididos). Às vezes, a preguiça quer dominar-nos.

> "Não existe segurança neste mundo – existe apenas oportunidades."
>
> *(John C. Maxwell)*

Talvez eu esteja sendo injusta. Às vezes, a fadiga quer reter-nos onde estamos. É importante distinguir entre preguiça e fadiga. Mas o efeito de ambas todos sabem. Ficamos fadados à inatividade, ou necessitados desta, ou de mudar de ares, de afazeres. Por isso, não podemos perder oportunidade para atuar. O descanso em excesso pode provocar a preguiça. Quanto mais dormirmos, mais queremos dormir. Nesses casos, é melhor o bom senso, buscar o equilíbrio. Devemos ter momentos para trabalhar e momentos para repousar. Já observaram que após alguns instantes de repouso somos despertados para nossos problemas. Problemas não! Obrigações, responsabilidades!

As pessoas sempre condenam quem se mostra indeciso, mas, se tomarmos por base nós mesmos, a pessoa pode ser vítima do que chamam traumas. Quem, na verdade, não os tem ou teve? Portanto, o trauma impede que o ser humano (animal também) pratique certas ações. Temos medo ou falta de vontade de agir. Sabemos que certa atividade nos é necessária e nos fará bem, contudo falta-nos ânimo para iniciá-la. Muitas vezes, basta um primeiro passo. Sim! Mas, ainda que indisposições físicas tenham origem em problemas psicológicos, essas indisposições podem ser causadas por problemas meramente físicos. Essas constatações nada têm, ou melhor, nada exigem de vastos conhecimentos científicos. Qualquer pessoa considerada normal, pela observação de si mesma e dos outros domina essa psicologia. Contudo, é necessário que se troquem idéias, que não nos tranquemos aos conselhos e estímulos, nem às críticas construtivas dos verdadeiros amigos. Quando digo amigos, entre estes incluo os livros, as revistas, os jornais (escritos/falados), enfim, todos os bons meios de comunicação.

Os interioranos, os nossos bons caipiras, os nossos amigos do campo ou das pequenas cidades, não titubeiam em muitos aspectos. Sabem tomar um tipo de decisão para o qual o homem das metrópoles, na maioria das vezes, acha-se travado. Porém para o bom caipira esta situação representa o grande momento. O momento de conversar, de bater papo. Esse homenzinho dá bom-dia, boa-tarde, boa-noite, até logo, até amanhã a todo o mundo. Não tem vergonha (não é indeciso) para iniciar e manter uma conversação até com desconhecidos. Pelo menos, alguns anos atrás, conversavam. Acredito que aí está uma das facetas da boa terapia para a área dos relacionamentos humanos. O caipira sabe, muito bem, gerenciar relações.

> "A vitória fica ao lado daquele que ousa."
>
> (Virgílio)

Moradores das grandes cidades (ou será que, atualmente, o problema já chegou às pequenas cidades, como modismo?), até nos sentimos incomodados quando ouvimos conversas em alguns recintos: sala de espera de médicos, dentistas, cartórios, em ônibus, por exemplo. Ao passarmos por um vizinho, às vezes, se estamos de mau-humor, preferimos fingir que não o vimos. Ele faz o mesmo conosco. Ah! Outra coisa! Se você cumprimentar uma pessoa que poderá encontrar algumas vezes, você será obrigado a ser o primeiro a cumprimentar para sempre. Cria-se uma espécie de convencionamento tácito. Chega-se a um ponto em que um nunca verá o outro primeiro; será aquele sempre visto e cumprimentado, isto é, estará sempre distraído. Talvez seja essa falta de espontaneidade que faz que as pessoas prefiram adotar a política do não-cumprimento, a qual se opõe à prática do caipira, que faz sempre questão de ser rápido no cumprimento, até com estranhos. Acho que ele não vê seus semelhantes como estranhos.

Sabemos que os cuidados com a saúde é fundamental para que possamos ter uma vida saudável. Cuidados com a alimentação devem também ser levados em conta, pois o conjunto contribui para a longevidade do homem na Terra.

Além disso, podemos até pensar que a causa da longevidade dos humildes, do camponês, do interiorano seja essa facilidade de comunicação. Ainda que carcomido fisicamente pelos anos, vemos brilhar nos olhos do humilde, do sensato, do caipira, do sábio, a chama da decisão de conviver.

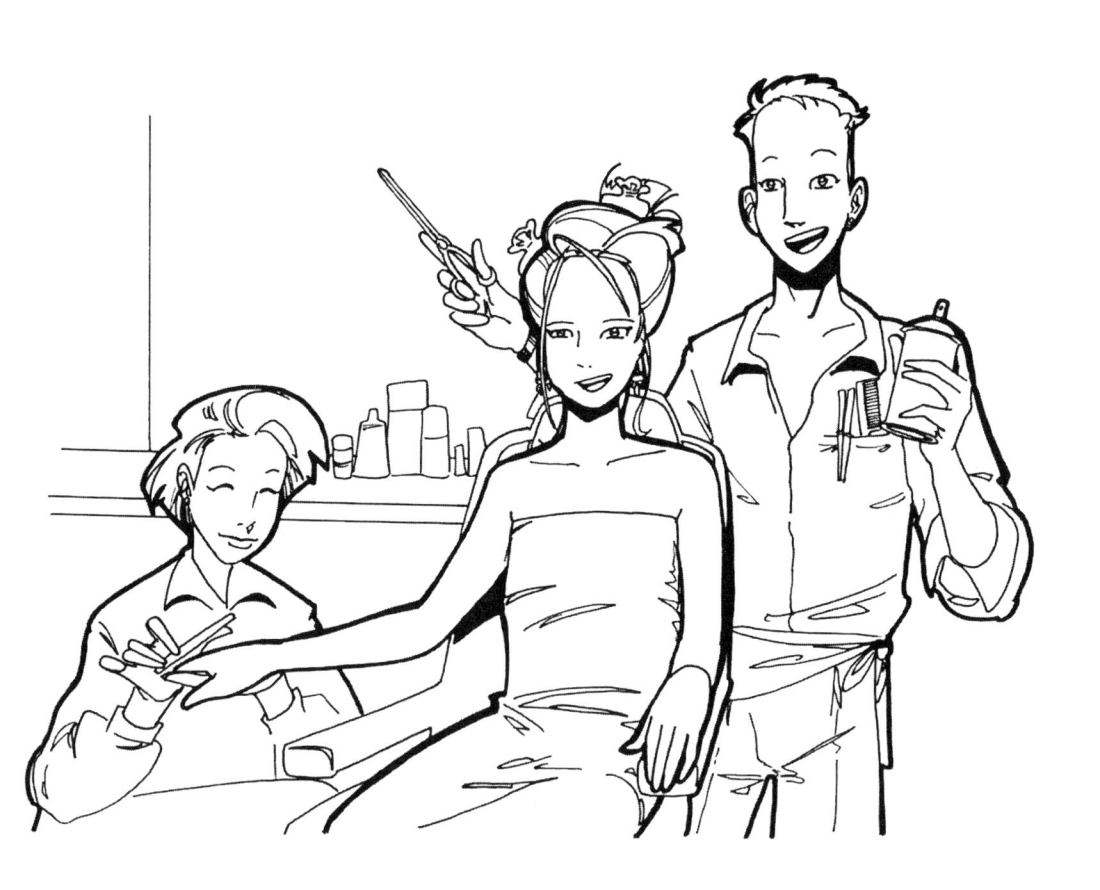

Capítulo X
"Sorria!
Você está sendo filmado"

"Eu não teria conseguido sobreviver se não conseguisse rir. O riso me levava momentaneamente para fora daquela situação horrível, o suficiente para torná-la suportável". (Victor Frankl – sobrevivente de um campo de concentração nazista)

"Sorria! Você está sendo filmado." Não sei quem criou essa expressão. Lembro-me do que disse um publicitário reconhecido: "Nós criamos os "slogans", depois eles se tornam de domínio público." Portanto, a expressão que dá título a este capítulo (boa, por sinal) já caiu no domínio e uso de todos. Ela, na maioria das situações em que atualmente é empregada, já não reflete a verdade. Muitas vezes não estamos sendo filmados. Não, por uma máquina (ou câmera) convencional. Talvez estejamos sendo filmados por nossa própria consciência, que nos impede de mexer no que não nos pertence. É verdade que muitos não precisam dessa espécie de lembrete para continuar sendo honestos. Mas o que existe de mais importante nesse aviso original é o pedido de sorriso: "Sorria". Trata-se de um convite ao otimismo. O sorriso já é até símbolo de sucesso. Existem pessoas bem-sucedidas cuja marca é o sorriso fácil.

Normalmente, o disparo de um sorriso encontra receptividade. Raramente, um sorriso é mal interpretado. Experimente sair sorrindo por aí, e verá (estatisticamente) que pequena porcentagem dos transeuntes não corresponderá positivamente a essa fórmula (não lingüística) de cumprimento. É verdade que um sorriso desdentado nos causa pena! Mas revela boa vontade, além das desigualdades sociais.

O sorriso pode, também, quando não é sincero, equivaler a um elogio não muito verdadeiro; mas mesmo assim faz bem. Lembro-me de um filme em que uma senhora de meia-idade dizia que gostava de ouvir um elogio de certo homem, também

> *"Não deixe que as suas mágoas e decepções o dominem. Esforce-se para subir e elevar-se."*
>
> **(R.Stanganelli)**

de meia-idade. Ela afirmava que sabia que ele mentia, mas o elogio fazia bem a ela.

O sorriso simboliza a alegria. Esta é uma das emoções eufóricas e a tristeza é uma das emoções disfóricas. Acrescentamos que amor e alegria são representantes do otimismo, e raiva, medo e tristeza são símbolos do pessimismo.

O otimismo pode ensejar saúde, força e bem-estar. O pessimismo é condutor de tristeza e raiva. Não é sem motivo que as pessoas que possuem objetivos, projetos a realizar, ânsia de viver para si e para o próximo precisam de altas doses de otimismo, de euforia. Já os medrosos são pessimistas, muitas vezes sem ânimo para lutar por suas necessidades. Por isso, é necessário que bebamos da fonte da euforia, se quisermos afastar os fantasmas dos preconceitos e do pessimismo.

A euforia, que poderíamos chamar externa, é muito propagada e conhecida. Ela se dá nas massas e pode ser exemplificada na comemoração das vitórias esportivas, políticas e, até, nas aprovações nos vestibulares — sensação que faz bem ver e ter. Quando a possuímos individualmente, podemos classificá-la de interna.

É justamente essa alegria interior e essa capacidade de se amar, de amar o próximo que devem ser persistentemente procuradas. Uma vez possuidores dessas paixões benéficas, poderemos distribuí-las aos que conosco dividem o ambiente.

Infelizmente, a luta pela vida, as dificuldades pessoais, os problemas habituais, as influências das pessoas más, os preconceitos, as desigualdades, a ambição, a desonestidade, enfim, as não-virtudes que atingem o indivíduo podem desequilibrá-lo. Daí as doenças provocadas pela ansiedade e depressão; estas são componentes dos sentimentos disfóricos.

Algumas formas de antídotos estão aí para ajudar as pessoas a se enquadrarem na vida saudável. É necessário alimentar-se corretamente, dormir bem, trabalhar sem excessos, divertir-se sadiamente, possuir hábitos saudáveis como boa leitura, prática de esportes, dedicar-se ao artesanato ou às artes.

Para alguns, ainda existe a ajuda de psicólogos profissionais. Para os que têm fé, existem religiões diversas. Mas para todos, crentes ou descrentes, existe o recurso à amizade e à alegria.

Capítulo XI
Tenha habilidade!

Dê-me, Senhor, agudeza para entender, capacidade para reter, método e faculdade para aprender, sutileza para interpretar, graça e abundância para falar.

Dê-me, Senhor, acerto ao começar, direção ao progredir e perfeição ao concluir. (São Tomás de Aquino)

Você tem muitas habilidades. Às vezes você nem se dá conta de seus dotes. Muitas vezes não temos a menor idéia do que está por vir e, menos ainda, do que vai ocorrer em nossa vida pessoal e profissional. Mas saiba que seu diferencial será a maneira de agir diante de muitos fatos. Logo, mostre suas habilidades. Quais são? Alguns cozinham muito bem; outros falam de maneira encantadora; outros pintam maravilhosamente; outros são grandes galanteadores; outros, bons amantes. A história "A sabedoria e a recompensa" vai mostrar-lhe que podemos colher um pouco mais se soubermos aproveitar as nossas habilidades.

São numerosas as formas de habilidade. A preocupação principal das pessoas é a habilidade que se pode chamar profissão. Com esta podemos realizar-nos em quase todos os sentidos. Se não estivermos satisfeitos com essa habilidade quanto à nossa realização pessoal, pelo menos podemos com a nossa profissão conseguir um mínimo para o nosso sustento. Portanto, a habilidade em geral é fonte de nosso sucesso, ou melhor, pode ser a origem do nosso êxito. Jogar futebol exige certa habilidade, também tocar piano ou qualquer outro instrumento musical. Cantar é uma forma de habilidade. Enfim, os esportes, as artes, as profissões em geral são frutos de habilidades. É verdade que o destaque em certas atividades pode levar a pessoa à notoriedade e à fortuna.

A habilidade deve estar aliada à prudência. Com prudência devemos aplicar os nossos conhecimentos para nos inserir na sociedade. Em contato com nossos semelhantes poremos em

> *"Uma vida transcorrida cometendo erros não só é mais honrada, mas também mais útil do que uma vida sem fazer nada."*

A sabedoria e a recompensa

"Era uma vez... um jornal líder de mercado de uma grande cidade. Por volta das dezessete horas, o jornal do dia seguinte estava sendo impresso a todo vapor. De repente, a máquina principal quebrou. Imediatamente foi chamada a equipe de manutenção. Mexeram, mexeram e nada da máquina voltar a funcionar. Quase vinte horas, sem conseguirem uma solução. O engenheiro chegou, mexeu, mexeu e remexeu e nada da máquina funcionar. Desesperado, o diretor mandou que chamassem o engenheiro que havia projetado a máquina, pois já era quase meia-noite e ela não funcionava. O mestre chegou, observou, observou, andou em volta da máquina, fez várias perguntas para os técnicos e para o engenheiro acerca do que haviam feito para solucionar o problema e, após alguns minutos, perguntou:

— Por favor, vocês têm aí uma chave de fenda?

— Aqui está, falou um dos técnicos, já entregando a ferramenta ao mestre.

O mestre, de forma profissional e sábia, foi num dos parafusos da caixa central de comandos, deu não mais que duas voltas, apertando-o. Foi tiro e queda, a máquina ligou e começou a funcionar como num passe de mágica. Foi uma alegria geral. O diretor então chamou o mestre para a sua sala a fim de efetuar o pagamento pelo serviço prestado:

— Quanto é o seu serviço?

— Dez mil Reais, disse o mestre prontamente.

— O quê? Deeez miiillll reais para apertar um parafusiiiinhoo? Isto é um absurdo!... Você ficou looouco?

— Não, doutor, para apertar o parafuso eu cobrei um real. Os outros nove mil novecentos e noventa e nove reais são pelos trinta anos de estudos e experiências que eu tive para saber qual parafuso apertar."

ação o nosso fazer. Na atualidade, é importante que no mínimo saibamos ler e escrever, habilidades utilizáveis em todas as situações. Por meio da leitura e da escrita, teremos acesso às demais habilidades. Assim, estudando, treinando, observando, argumentando, comunicando-nos, vamos ampliando o nosso arquivo de habilidades. Grande parte do que aprendemos não se destina apenas ao nosso usufruto. Vivemos não só para nós, mas também para a coletividade.

Uma vez instruída, a pessoa possui habilidade para partir em busca de seus objetivos. Está individualmente preparada para cuidar de seus interesses: trabalhar para ter condição de se divertir, de comer, de constituir família, de viajar etc. Trata-se do momento de o homem tirar proveito da sociedade e ao mesmo tempo tornar-se um elemento ativo. Neste ponto, de maneira simplista, ele se torna um verdadeiro político. É necessário "jogo de cintura" para agradar a todos, se possível. É o momento de agir realmente com <u>prudência</u>, porque "esta é a capacidade de usar bem e com proveito a habilidade própria". (Immanuel Kant).

Com prudência, podemos, empregando a nossa habilidade, usar nossos semelhantes para a conquista de nossos objetivos. No capítulo em que tratamos da arte da argumentação, fazemos referência a este aspecto em que convencemos e persuadimos nosso auditório (que pode ser composto de apenas uma ou de muitas pessoas). A argumentação é uma das técnicas da vida, portanto quando argumentamos, utilizamos também a prudência. O leitor sensato poderia formular uma pergunta: servir-se das pessoas para nosso fim não é uma forma de manipulação?

Aqui entra a questão moral. No processo de educação, o homem se torna apto, aprende a ser prudente e deve tornar-se um ser moral. É justamente a formação moral que direciona a pessoa talentosa para os bons fins (=bons propósitos). Não basta ter capacidade, se não tivermos em mente praticar o bem.

Os bons fins recebem a aprovação de toda a sociedade. Destes estão fora os crimes violentos, a corrupção, enfim toda forma de desonestidade. Existem pessoas polidas, elegantes, talentosas, que, contudo, muitas vezes envolvem-se em crimes chamados do "colarinho branco". Em resumo, usar a boa-fé das pessoas apenas para proveito próprio, em detrimento do bem-estar geral, é uma forma de manipulação. Trata-se de uma atitude que deve ser banida.

Capítulo XII
Hierarquizando valores

"O homem com esperança não vive de ilusões. Conhece os seus limites, as dificuldades da vida e dos homens, mas luta para melhorar o mundo". (Paul Debesse)

Já não se emprega a palavra leitura apenas para designar a decodificação da escrita. Daí, existirem diversos tipos de leitura; por exemplo, leitura de uma peça de teatro. Essa atividade permite que os atores abordem o texto antes dos ensaios propriamente ditos. Já se fala até em leitura de uma exposição de pintura, o que descarta a idéia de que somente lemos textos escritos. No caso destes, podem existir muitas abordagens: sociológica, histórica, literária, estilística, entre outras.

Por outro lado, um único leitor (ou um ouvinte) pode ser considerado um <u>auditório</u>. Na palavra auditório, do ponto de vista, digamos, moderno, ocorre uma diminuição de seus componentes: auditório pode compreender desde um grande número de pessoas até um único indivíduo.

O importante é que quem deseja persuadir reconheça que os seres humanos possuem valores. Esses valores apresentam-se hierarquizados (classificados: isto é, variam em importância).

Quem argumenta precisa saber enfatizar certos valores, num processo de <u>re-hierarquização</u> do auditório (amplo ou diminuto), sem ir de encontro (sem contrariar) aos princípios desse auditório. Estudiosos do assunto apresentam algumas técnicas de re-hierarquização. Contudo, vamos ater-nos à técnica que utiliza elementos de quantidade, uma vez que teremos oportunidade de dar exemplos com aspectos que enfatizam a auto-estima (um dos temas de nosso trabalho).

O autor e palestrante Daniel Godri, em seu livro *Sou alguém muito especial*, contrasta valores concretos (automóveis, barcos, dinheiro, comida, aviões etc.) com valores abstratos (justiça, amor, amizade, honestidade etc.).

No esforço de passar ao leitor lições de otimismo, em que se destaca a importância do ser humano, Godri utiliza o que Antônio Abreu Suárez poderia chamar de lugar de quantidade. Assim, utilizam-se números e estatísticas.

A pessoa é <u>alguém muito especial,</u> porque concorreu "com mais de 360 milhões de espermatozóides"; hoje tem "mais de 60 trilhões de células"; seu "corpo é agraciado com 200 ossos, 560 músculos"; seu "coração em um único dia bate mais de 103 mil vezes"; entre outras "faculdades" nada desprezíveis. Portanto, apenas do ponto de vista físico, o homem tem muitos motivos para se auto-estimar. Isso sem levarmos em conta os valores abstratos que formam a personalidade humana.

Certa vez, disse a um amigo que eu me conformava com minha posição em determinada atividade. Eu não era a melhor nem a pior. Era mediana. Sentia-me privilegiada porque havia pessoas em desvantagem em relação a mim. Meu amigo e confidente me disse que eu não devia considerar-me realizada, porque devemos olhar para aqueles que triunfam e tentar imitá-los. Deveríamos lutar para ser como eles. Se tiveram êxito, por que não nós?

Contei essa ocorrência apenas para dizer que o processo empregado aqui para argumentar é uma comparação. Existem muitas técnicas de argumentação. O homem do povo utiliza, sem o saber, várias delas. Quem estaria com a razão, eu ou meu colega? Há muita subjetividade nessa história. O importante é que nos sintamos felizes com nós mesmos, com nosso modo de pensar. Contudo, não podemos descartar conselhos, se estes nos parecem razoáveis. Posso acrescentar também que, em relação a meu amigo, nesse caso e naquela atividade, meus valores apresentavam uma escala mais modesta. Meu confidente considerava mais importante algo que, para mim, era importante também, mas em menor intensidade.

Capítulo XIII
A grosseria

"O ser humano que não sabe dominar-se, encontra-se na impossibilidade de levar uma vida moral". (L. Tolstoi)

Para quem sabe ler, um pingo é letra! Ouvia os mais velhos dizerem isso. Sem querer fazer trocadilhos, literalmente trata-se de uma grande verdade.

Todos sabemos que falamos mediante vários recursos. Sem dúvida, a comunicação é mais perfeita por meio da fala e da escrita. Contudo, nosso corpo e expressões fisionômicas dizem muitas coisas, que gostaríamos de demonstrar ou, às vezes, preferíamos que não fossem reveladas.

Ouve-se falarem em <u>acordo tácito</u>. Tácito tem entre seus sinônimos implícito, silencioso, subentendido. Assim, num grupo, numa situação, sem que se celebre um pacto por meio de palavras, fica subentendida uma tomada de decisão.

É fato que as pessoas percebem muitas atitudes que a elas se dirigem sem que se diga uma única palavra. Mulheres notam que estão sendo observadas, seguidas por olhares e até perseguidas nas vias públicas por meros admiradores de seus encantos. Todos concordamos com o fato de que existem formas de comunicação que alguns estudiosos chamam de <u>extralingüísticas</u>.

Tenha cuidado porque a grosseria é uma ação que expomos principalmente pelo uso do idioma, mas também por gestos e expressões! Lembrem-se de motoristas enfurecidos. O bocejo também é um sinal de desprezo. Ofende mais porque considera o alvo do desprezo um ser insensível. Quando alguém boceja duran-

> *"Melhoram-se as plantas pela cultura; os homens pela educação."*
>
> **(Provérbio português)**

te uma conversa, quer esse alguém dizer algo ou talvez nada. Bocejar pode ser uma ação involuntária, pode significar cansaço por outro motivo que não seja a referida conversa.

Quem não quiser correr o risco de ser grosseiro, de ofender seu interlocutor, de considerar este insensível, não deve bocejar durante um bate-papo. Há outras formas sutis de suspender uma conversação para que não seja mal interpretado.

Nas relações profissionais também se observam aspectos da grosseria. De modo geral, as recepcionistas de postos de saúde públicos não são delicadas. Talvez não sejam culpadas (ou culpados, há alguns homens nessa função).

Num nível mais elevado, ainda na área médica, os doutores, com poucas exceções, são secos, reticentes, explosivos, superiores.

Certa vez, num consultório de convênio, portanto não num simples ambulatório público, perguntei ao oftalmologista se podia utilizar um colírio no caso de ficar com os olhos irritados. Ele respondeu-me que era médico. Portanto — deduzi — que era melhor não falar. Não seria melhor que me explicasse polidamente que sempre devemos procurar um especialista. Mas eles são assim, reticentes (não todos, evidentemente).

Na relação professor-aluno, ao aluno é permitido tudo. Observamos que a forma de fazer perguntas, entre os alunos, parece mudada. Eles estão agressivos. Percebe-se como que uma superioridade do aluno em relação ao professor. O ideal é a igualdade. Portanto, a pergunta tem mais o caráter de testar a paciência e os conhecimentos do professor do que servir de informação para o aluno. Trata-se de uma das formas de grosseria. Exemplo disso foi passado por uma emissora de TV de São Paulo. O presidente Fernando Henrique era entrevistado por uma platéia de jovens. Um aluno da escola que visitava o programa perguntou algo, de forma tão ríspida, ao presidente da República, que este reagiu à altura dizendo que o jovem estudante assim agia porque se tratava do presidente! Acrescento, veja, leitor, hoje, justamente por ser autoridade é que se merece pouco respeito! Isso é o que se pode chamar <u>inversão de valores</u>, ou falta de educação. Se o presidente não merece respeito seja ele de qualquer partido político, o professor merecerá?

Existe ainda a questão das comunicações: morte, acidente, doenças. Lembro-me de ter ouvido um conhecido dizer a outro conhecido, abruptamente: "Seu tio morreu". Mais tarde o sobrinho lamentou comigo: "Nosso amigo foi indelicado porque ele recebera a notícia por telefone e me fez a comunicação indelicadamente, sem nenhuma palavra de preparação, de pesar mesmo".

Capítulo XIV
A indignação

"O único limite para nossas realizações de amanhã são nossas dúvidas de hoje". (Franklin D. Roosevelt)

Sempre ouvimos alguém dizer que está indignado. Buracos na rua provocam acidentes, ficamos indignados. Velhinhas são assaltadas, ficamos indignados. Crianças morrem de fome, ficamos indignados. Enfim, são numerosos os casos que provocam indignação. A nossa indignação é contra os agressores ou culpados. Observe que ficamos indignados por problemas que não estão relacionados conosco, caso contrário sentiríamos cólera. Vejamos o que diz Descartes: *"O mal praticado por outros, não estando relacionado a nós, só faz provocar a nossa indignação para com eles; e, quando se relaciona conosco, produz também a cólera".*

Ainda segundo Descartes, "a indignação é uma modalidade natural de ódio ou de aversão que se sente por aqueles que praticam algum mal". Contudo, para esse filósofo francês, além de nos indignarmos contra os que fazem o mal às pessoas que não o merecem, nossa indignação também se volta contra os que fazem o bem às pessoas que não merecem esse bem. Observamos que, neste contexto, bem se opõe a mal. Atualmente se emprega *bem* no sentido de produto, objeto, coisa ("o consumidor devolveu o bem", "trata-se de um bem de família").

O pensador francês tinha razão. Podemos notar que as pessoas ficam indignadas quando, por exemplo, um criminoso recebe um bem (=benefício). Para esse caso, citamos redução de pena, liberdade condicional, pena branda, indulto, visita íntima etc. Por outro lado, um simples ladrão de comida, desempregado, que levou um pedaço de frango de um supermercado, pode ser motivo para deixar as pessoas indignadas contra o rigor das autoridades que o prendem e o colocam entre os marginais perigosos.

No mecanismo da indignação, segundo Descartes, mesclam-se os sentimentos de inveja ou de compaixão. Isso também é claramente observado. Numa empresa, quando, por qualquer motivo, um funcionário sem muita capacidade é promovido, os colegas sentem inveja do felizardo. Ocorre um sentimento de indignação contra aqueles que o beneficiaram injustamente. Esse funcionário não é merecedor desse bem. Mas, sentimos compaixão da pessoa que recebe um mal injustamente. Por exemplo, quando um mendigo é queimado vivo na via pública. Ficamos indignados contra os agressores.

Portanto, tanto o mal aplicado ou gerado indevidamente provoca indignação, quanto o bem dirigido a quem não o merece. Mas não nos esqueçamos de que a inveja é um dos vícios. Vício se opõe a virtude. Contudo, analisando friamente, a psicologia humana revela que não conseguimos sempre deter nossas emoções. Não podemos deixar de notar que a inveja existe, mesmo em relação àqueles que são favorecidos pela sorte e são merecedores do que adquirem por esforço próprio. Se possível, o melhor é usarmos a inveja que sentimos como estímulo para o nosso progresso.

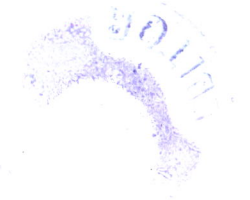

Capítulo XV
Paixões

"O governo de si mesmo é a raiz de todas as virtudes". (J. W. Goethe)

Descartes usa as palavras *mente* e *alma* para se referir ao eu *pensante* ou *consciente*, segundo o professor inglês John Cottingham. O filósofo francês foi o divulgador da conhecidíssima expressão "Penso, logo existo".

Portanto, quando Descartes usa a expressão paixões da alma, a palavra paixão designa uma das espécies de pensamentos os quais compreendem toda espécie de percepções ou conhecimentos existentes em nós. Segundo J.C. Herrero, "*tudo o que chegamos a ser é fruto dos pensamentos pelos quais optamos e que se expressam por meio de nossas atitudes*".

Para o pensador francês, existem apenas seis paixões primitivas e ao mesmo tempo simples. Primitivas porque dão origem a outras. Simples porque não se formaram com outras. Por exemplo, a admiração é primitiva. Já a estima e o desprezo derivam da admiração. Vejamos a lista completa das paixões primitivas: a admiração, o amor, o ódio, o desejo, a alegria e a tristeza. As demais paixões são formadas por algumas destas ou são suas espécies.

Descartes explica que nossa estima ou nosso desprezo em relação a um objeto se dão a partir de nossa admiração da grandeza ou da insignificância desse objeto. Não é sem razão que Sêneca diz: "*Admira-te e confia na tua coragem, pronto que estás para o que houver, artífice da tua vida*".

"À admiração está unida a estima ou o desprezo, segundo admiremos a grandeza ou a insignificância de um objeto". (Descartes, início do art. 54, As paixões da alma)

Nem sempre você pode ter o que quer. Mas se você tentar, às vezes, pode ter o que precisa.

(Mick Jagger)

Portanto, a estima é uma espécie de paixão por meio da qual a alma se predispõe a considerar o valor da coisa estimada. O desprezo representa a idéia oposta à estima. Nele, a alma leva em conta a baixeza ou a insignificância do objeto que ela despreza. Quando a pessoa dirige a estima ou o desprezo para si mesma, temos então os conceitos de auto-estima e autodesprezo respectivamente.

Vejamos o movimento das idéias de Descartes em relação a conceitos importantes ora em voga nas obras consideradas de auto-ajuda. Tomemos a palavra generosidade, que é especial para a estima e, por conseqüência, para a auto-estima. Ora, a generosidade nada mais é que uma forma de virtude. Seguindo-se estritamente a virtude atinge-se a auto-satisfação. É interessante que a essa espécie de felicidade o pensador francês oponha a glória, que *"é uma espécie de alegria baseada no amor que dedicamos a nós mesmos e que se origina da opinião ou da esperança de sermos elogiados por algumas pessoas. Logo, é diferente da satisfação interior que se origina da opinião de havermos realizado alguma boa ação; pois às vezes somos elogiados por coisas que não consideramos boas e criticados por outras que consideramos melhores: mas uma e outra são espécies de estima que temos por nós próprios, e também espécies de alegria; pois é motivo de estimar a nós próprios ver que somos estimados pelos outros"*. (art. 204, *As paixões da alma*)

Portanto, podemos observar que tanto a glória quanto a auto-satisfação são formas de felicidade. Anos atrás, em certa ocasião em que se discutia a questão da busca da notoriedade, numa entrevista de TV, uma psicóloga dizia que a pessoa anda mais em busca da felicidade pessoal, da felicidade consigo mesma; o sucesso é importante, mas nada se compara à satisfação da auto-realização, concluiu a psicóloga.

Capítulo XVI
A Admiração

Os anos podem enrugar a pele, mas a perda do interesse pela vida enruga a alma. (General Douglas MacArthur)

O sentimento de admiração, do ponto de vista atual, resume-se a situações que beiram o fanatismo. Observe os admiradores de cantores de música popular; os torcedores de equipes esportivas; as militâncias políticas. É verdade que existem outras formas mais plácidas de admiração.

As histórias (românticas ou não) nos dão prova de sentimentos de admiração: entre namorados, amores impossíveis, apego a líderes, criminosos, benfeitores, idealistas, malandros, revolucionários. Poemas revelam admiração por donzelas, por mulheres casadas, por militares, pela pátria, pela cidadezinha natal.

No fundo, a pessoa, em casos especiais, sente-se acanhada em revelar o objeto de sua admiração. Estudiosos da psicologia humana de épocas passadas deixam entrever que essa atitude não é privilégio de nossa época. No momento, observamos que parece contraproducente dar mostras de admiração, principalmente aos que nos cercam. Estaríamos revelando algo íntimo. E, nestes tempos de grande concorrência em todos os setores, não revelar o que realmente somos e pensamos, constitui uma espécie de arma.

Num texto que trata dos "inimigos da leitura", do livro *Arte de ler*, Émile Faguet inclui entre eles o amor-próprio, as paixões diversas, o espírito de descontentamento, a timidez. E, para o que mais nos interessa aqui, esse autor francês, membro da Academia Francesa, fornece a seguinte definição: *"Admirar é confessar que se está deslumbrado, fascinado, assombrado pelo talento, pela habilidade, pela astúcia de um autor"*. (O grifo da palavra autor é nosso, porque pode se substituída por outras, por exemplo: político, líder, chefe, artista, chefe religioso).

O que se observa é que a admiração exige certa dose de humildade. Esta é um sentimento que muitos não gostam de demonstrar.

Já Descartes, no século XVII, dizia que "os mais inclinados à admiração não são nem os mais estúpidos nem os mais hábeis". Imagine, leitor, o que se encontra entre esses extremos. O próprio filósofo arremata: "mas o são especialmente aqueles que, embora possuam um senso comum bastante bom, não têm em grande conta sua própria suficiência". Entendo "própria suficiência" como auto-suficiência. E auto-suficiente é aquele "que se basta a si mesmo".

Para esse pensador racionalista, a admiração excessiva pode ser evitada com a aquisição do "conhecimento de muitas coisas" e pelo exercício "na análise daquelas que parecem mais raras e estranhas". Contudo, "a admiração é útil porque nos leva a aprender e a reter em nossa memória coisas que ignorávamos".

Subentendo, quando Descartes trata da paixão chamada admiração, que a pessoa admira *"os objetos que lhe parecem raros e extraordinários"*. Admiramos as pessoas honestas, boas e talentosas porque são raras e extraordinárias. Tal atitude pode-se estender a seres não humanos: animais dóceis e inteligentes; meios de comunicação; invenções úteis; métodos de ensino; linhas psicológicas; sistemas filosóficos etc.

Capítulo XVII
É preciso acreditar!

Todos os homens de ação sonham todos os dias. (James G. Humeker)

Ligo a TV. Sintonizo o Canal 40. Vejo o bem-falante Daniel Godri. Observo que fala num ritmo excelente. Percebo que passa de história a história, de caso a caso. Já ouvi alguém dizer que o homem gosta de ouvir histórias. Lembro-me de, quando pequena, ir à casa de uma senhora que contava histórias para crianças.

Entre seus fartos recursos, Godri emprega as histórias, como ilustração, como elemento argumentativo. No livro A *arte de argumentar*, Antônio Suárez Abreu nos fala dos "recursos de presença", procedimentos cujo objetivo é ilustrar a tese que queremos defender". E "o melhor recurso de presença são as histórias".

Godri, em sua palestra televisiva (confesso que essa modalidade é novidade para mim, na forma empregada por esse palestrante), preconiza que devemos "evitar a miopia dos negócios". Compreendi que em nossas atividades, principalmente profissionais, nós nos acomodamos. Enquanto a "coisa" dá para o nosso sustento, enquanto temos lucro, não procuramos inovar. Deixamos que as coisas continuem como estão. Não vemos nada além da realidade conhecida, do cotidiano. Se se realmente depende de um negócio (quase tudo que abraçamos é negócio: prestação de serviço; vendas; fabricação; dar aula etc.) ficamos, às vezes, numa verdadeira <u>miopia</u>. Detêm-se as aspirações à criatividade que facilitam o trabalho e podem dar mais lucro e satisfação.

Godri propõe que é preciso acreditar que "é possível fazer muito melhor". Mas isso não é exigir muito, já não vivemos sob muita pressão? A

> *Põe um grama de audácia em tudo quanto faças.*
>
> **(Baltazar Gracián)**

concorrência, em todos os níveis, massacra o trabalhador, o empresário, o profissional liberal, não é verdade? O caro palestrante (ou consultor), por meio de suas histórias (agradáveis) procura, e consegue, provar-nos que é possível melhorar sempre.

Dentre suas várias histórias, destaco o caso do cafezinho. Nosso querido e importante cafezinho. Godri salienta que hoje esta bebida acha-se sofisticada. É preparada por máquinas modernas. Já existe, entre outros, o café cremoso. Acrescentamos que o café, originalmente, era vendido "verde" ou "maduro", passou a ser vendido "seco", porém com casca. Criaram-se as máquinas de beneficiar café, então este é vendido sem casca e limpo. Posteriormente, torrado, moído e, agora, temos o café solúvel.

Voltando ao cafezinho de Godri, ele acrescenta que, normalmente, quem tem visão (não miopia) para melhorar determinado produto nunca são as pessoas que o possuem.

Por exemplo, a Itália, que não é grande produtora de café, investe na construção de equipamentos para a sofisticação da já deliciosa bebida que é o café.

Nessa questão da miopia dos negócios, que deve e pode ser evitada, você pode se considerar também uma espécie de negócio. Sua vida é um negócio que precisa ser bem administrado. Você pode se fazer muito melhor, caso julgue que ainda precisa melhorar.

A história *"Os cortadores de pedras"* narra de modo claro como certas pessoas vêem suas atividades. Apesar dos dois homens trabalharem no mesmo ofício, somente um vê a construção de uma bela catedral.

Os cortadores de pedra

Dois cortadores de pedra estavam talhando blocos quadrados. Alguém que passava perguntou-lhes o que estavam fazendo.

O primeiro operário com uma expressão amarga, resmungou:

– "Estou cortando esta maldita pedra para fazer um bloco".

O segundo, que parecia mais feliz com o trabalho, replicou orgulhosamente:

– "Faço parte de um grupo que está construindo uma catedral".

A próxima história **"Determinação é invencível"** mostra a determinação de um homem incansável. Certamente, treinou mais do que seus companheiros de equipe e possuía determinação.

A determinação é invencível

"Era uma vez um homem simples que...

Montou um negócio e não deu certo em 1831.

Foi derrotado na candidatura a vereador em 1832.

Fracassou em outro negócio em 1834.

A noiva faleceu em 1835.

Teve um ataque de nervos em 1836.

Foi derrotado em outra eleição em 1838.

Foi derrotado para o congresso em 1843.

Foi derrotado para o congresso em 1846.

Foi derrotado para o congresso em 1848.

Foi derrotado para o Senado em 1855.

Foi derrotado para a Vice-Presidência em 1856.

Foi derrotado para o Senado em 1858.

Foi eleito PRESIDENTE DA REPÚBLICA DOS EUA em 1860.

Este homem foi ABRAHAM LINCOLN."

Capítulo XVIII
Assertividade

Não peça uma vida fácil. Ore para ser uma pessoa mais forte.
(Phillip Brooks)

A palavra assertividade significa qualidade ou estado do que é assertivo. Assertivo quer dizer afirmativo. Assertividade possui a mesma raiz da palavra, fora de uso, assertor (o que assevera ou sustenta uma opinião, defensor, mantenedor).

A palavra assertividade é empregada por Nathaniel Branden para a divulgação de uma maneira de viver na qual *"aquilo que pensamos, valorizamos e sentimos"* é manifestado por nós no mundo.

A palavra autenticidade indica qualidade de autêntico. O que é autêntico é verdadeiro, legítimo, verídico, genuíno, positivo. Para Branden, uma vida conduzida com autenticidade é uma sustentação para a autoconfiança e o auto-respeito. O prefixo grego auto significa por si próprio, de si mesmo, próprio.

Logo, autoconfiança quer dizer confiança por si mesmo; auto-respeito, respeito por si mesmo. Auto-estima significa estima por si mesmo. Vejamos alguns sinônimos da palavra estima: *apreço, consideração, conceito, amizade, amor, afeto, afeição, apreciação, avaliação, estimação*. O significado oposto, isto é, o antônimo dessa palavra é desprezo. Para Branden, "viver com autenticidade é uma das maneiras de cultivar a auto-estima". Sábia definição de Branden. Viver de modo autêntico é uma luta constante para todos nós. Mas vale a pena agir assim.

Para Branden, a auto-estima é constituída por dois elementos básicos: a autoconfiança e o auto-respei-

> *"Agora é tempo de renovação, de novas esperanças. É possível ir em direção à luz. É possível ir em direção a uma nova primavera cheia de luz, de novos horizontes. Levante-se e eleve-se!"*
>
> **(Phil Bosmans)**

to. A autoconfiança é um sentimento ligado à competência pessoal. O auto-respeito é o sentimento relacionado ao valor pessoal. Portanto, a conservação da auto-estima se prende à confiança que temos por nós mesmos, confiança de que temos competência para realizar muitas coisas como: realizar projetos, estabelecer metas e, primordialmente, contribuir para a nossa própria felicidade. Para isso é necessário que nos sintamos conscientes de nosso valor pessoal. É necessário que acreditemos nesse valor e acreditemos que somos "alguém", que desejamos ser úteis a nós mesmos e ao outro. Essa noção, essa percepção do outro, além de nós, é fundamental para nossa auto-estima e para o respeito do outro.

Aqui, partimos para aquilo que Branden chama de autoconceito: "Nosso autoconceito é quem e o que consciente e inconscientemente achamos que somos".

Você só pode ser autêntico se se deixar amparar pela autoconfiança e pelo respeito. O que é ser autêntico? É ser verdadeiro. Verdadeiro não só com nós mesmos mas também para com os outros.

Você já deve ter observado quando uma pessoa é realmente autêntica. Quando é congruente, que é o mesmo que coerente. Quando ocorre essa congruência, em que o que somos e pensamos é posto em prática, sai de nós 'algo' e espalha-se para os demais. Seriam as pessoas chamadas carismáticas realmente autênticas? Sim! Se o que professam espelha o que têm por dentro. Não! Se não são pessoas sinceras e verdadeiras para com elas próprias. É bem verdade que muitos carismáticos são autênticos. São autênticos porque conseguem arrancar das entranhas as palavras de verdade, de originalidade.

É verdade que nem sempre o que é original é sinônimo de autêntico. Mas em algumas situações originalidade também é autenticidade. Para sermos autênticos é necessário que nos auto-afirmemos. Quando nos auto-afirmamos e nos auto-respeitamos estamos positivamente desenvolvendo a nossa auto-estima. Porque demonstramos também autoconfiança. Para Herrero auto-afirmação é sinônimo de assertividade.

Conheçamos melhor essa palavra, seus envolvimentos e suas conseqüências em relação às nossas ações. Porque para Branden, citado por Herrero, *"a vida é um processo de ação auto-sustentada e autogerada. Cada valor pertinente a ela requer ações contínuas para sustentá-la e mantê-la".*

Você se lembra daquele aluno, sempre quieto, calado, bem-comportado. Não se ouve a voz dele na sala de aula. Não faz perguntas, não eleva a voz. Raramente indaga o professor. Às vezes mau aluno, que não consegue bons resultados nas provas. A questão desse aluno não é ser ou não inteligente, mas o seu comportamento, a sua atitude, as suas ações.

Do ponto de vista da assertividade, podemos dizer que ele não é muito assertivo. Não possui idéias e atitudes próprias. Se a classe toma uma atitude, ele a acompanha. Insatisfeito ou não, mas a acompanha. Não defende seus direitos, nem suas preferências, nem seus sentimentos. Revela sua personalidade numa conversa particular, mas, no grupo, por este é manipulado.

Esse aluno é apenas um exemplo de pessoa pouco assertiva, excessivamente preocupada em parecer bem para os outros. Mas a assertividade é mais uma questão de ser do que parecer.

Estamos em busca da felicidade, que não só pode ser material, mas deve ser também "interna", espiritual, como muitos querem. Isso significa que não poderemos agradar a "gregos e troianos"! Isso é impossível. Fica mais fácil agradarmos a nós mesmos. Ainda que em muitas situações desagrademos a muitos. Não preguemos aqui a desavença para que sejamos felizes. Não! Porque se possuímos auto-estima, precisamos, pelo menos, tentar o diálogo para que cheguemos a um ponto comum para todos. Uma boa conversa é necessária para que se consiga esclarecer pontos de vista às vezes opostos. Por meio do diálogo é possível transmitir o pensamento e, mais ainda, expor de modo autêntico a nossa forma de pensar.

Quando vivemos em harmonia com nosso eu interior, quando priorizamos o que realmente nos deixa felizes, sem nos desligar da realidade que nos circunda, crescemos como pessoas, como seres, como amigos, como irmãos, como gente.

Tudo isso nos remete à idéia de viver conscientemente de que nos fala Branden. É essa consciência que nos proporcionará a boa dose de auto-estima.

A história "O rei e o sábio" aborda a importância das palavras que usamos ao relatar um fato. O primeiro sábio, embora mais objetivo, não conseguiu obter as graças do rei, pois não usou de rodeios. O segundo escolheu melhor as palavras. Disse o mesmo que o primeiro, colocou em evidência a figura do rei que, muito vaidoso, sentiu em suas palavras satisfação para sua vaidade. Embora seus parentes estivessem destinados a morrer ele, contudo, sobreviveria. Sua figura, aí, aparece como a mais importante.

O Rei e o Sábio

"Era uma vez... Um rei que morava num riquíssimo castelo. Um dia ele levantou-se apavorado. Havia tido um sonho terrível, onde tinha perdido de uma só vez todos os dentes. Preocupado, ordenou:

– Chame o meu melhor sábio.

Em poucos minutos, lá estava o sábio diante do rei. Após contar-lhe o sonho terrível, ordenou-lhe:

– Diga-me sábio, o que significa este meu sonho?

O sábio pensou... pensou... pensou... e virando para o rei disse:

– Majestade, vai acontecer uma desgraça na vossa família. Uma doença terrível vai invadir o castelo e morrerão tantos parentes quantos forem os dentes perdidos em vosso sonho.

O rei, furioso, ordenou ao seu comandante da guarda que amarrasse o sábio no tronco e lhe desferisse cem chibatadas diante de todos os súditos.

– Chame outro sábio, este é um idiota – ordenou aos gritos.

Logo, logo, lá estava o outro sábio diante do rei. Contando-lhe todo o sonho terrível que houvera tido, ordenou-lhe:

— Diga-me, sábio, o que significa este meu sonho?

O sábio pensou... pensou... pensou... e olhando nos olhos do rei deu um sorriso largo e disse:

— Vossa Majestade é realmente um iluminado, um protegido por Deus. O número de dentes que sonhastes perder será o mesmo número de familiares que morrerão vítima de uma doença terrível. Mas, apesar de toda a desgraça do castelo, Vossa Majestade irá sobreviver são e salvo.

O rei, feliz da vida, ordenou que lhe entregassem cem moedas de ouro."

Capítulo XIX
A felicidade

"Todas as coisas cooperam para o bem daqueles que amam a Deus". (Rm.8:28)

Não seria exagero dizer que Sêneca divulga a metodologia da felicidade. Senão vejamos como esse filósofo latino começa o estudo intitulado A *vida feliz*: "Todos os homens desejam a felicidade, mas nenhum consegue perceber o que faz a vida tornar-se feliz".

Para o filósofo, trata-se de uma meta difícil de conseguir. Deve-se seguir o caminho certo; não se deve ter pressa porque assim se pode distanciar do objetivo. Se tomarmos uma direção diferente e estivermos numa velocidade acentuada, certamente nos distanciaremos de nossos propósitos. É necessário ter em mente "o limite a ser atingido", depois refletir sobre os meios de alcançá-lo mais rapidamente, para compreender durante o percurso se a tarefa é justa e quanto se progrediu cada dia e assim se aproximar do objeto de nosso desejo.

Sêneca não usa as expressões "eficiência" e "eficácia". Contudo, em sua metodologia da felicidade como meta, estão implícitos esses dois conceitos. Alcançar a felicidade não é fácil, requer esforço; contudo, seguindo o método de Sêneca, o esforço será reduzido. Portanto sua tática é eficiente. A certeza de que se alcança o objetivo seguindo os passos do processo é que torna o método, em geral, eficaz.

Mas, para Sêneca, "ninguém será feliz vivendo fora da verdade", porque "a vida feliz apóia-se, estável e imutavelmente, sobre a retidão e certeza do juízo". Logo, é necessário priorizar a virtude, que é "o princípio de todo bem" e agir sempre aplicando a razão. Não se trata aqui de fazermos as coisas que são consideradas apenas agradáveis, mas aquilo que seja honesto. "Seria melhor que aprendêssemos a contemplar os fatos menos agradáveis da vida com objetividade e calma, sem criar dramas", diz Herrero. Não se prioriza o prazer (o que nos agrada), mas o que é virtuoso, porque "a virtude nos preserva dos desregramentos" e "prescinde do prazer". O importante é que sigamos a vida considerada correta e ajamos com boa vontade.

Para Descartes, a generosidade se encontra entre as virtudes, e é a chave de todas as outras virtudes. É interessante também o que esse filósofo diz a respeito das paixões "simples e primitivas", nas quais inclui a admiração. É pertinente dizer que quando Sêneca nos fala do "homem equilibrado", surge a expressão "Admira-te e confia na tua coragem", porque na verdade somos os construtores de nossa vida. Para tal, é-nos necessária a confiança; assim, além de equilibrado, o homem será "organizado, liberal e amável em todas as suas ações".

No racional método de Sêneca, aparecem as ainda atuais e modernas palavras: avaliar, opinar ou acreditar, para que alcancemos o bem supremo.

E esse supremo bem reside "no juízo correto e nos hábitos morais da mente reta". O prazer adotado por Sêneca é o prazer que se obtém com o cultivo da virtude; assim, o prazer é uma conseqüência da virtude. O que não se pode é buscar o prazer como fim, porque existem prazeres perversos como a arrogância, a presunção, a soberba, a dureza, o desprezo. Este último se opõe à auto-estima. A busca da virtude não se baseia, contudo, na subserviência, mas na prudência, na moderação.

Obviamente não se pode dizer que as idéias de Sêneca se enquadrem de maneira completa no que diz Nathaniel Branden: "quase todos os sistemas éticos que chegaram a ter alguma influência no mundo foram variações sobre o tema da auto-renúncia e do auto-sacrifício". Acrescenta Branden que "desde cedo nos ensinam que a virtude consiste não em honrar as necessidades, os desejos e as mais elevadas possibilidades do ser, mas em satisfazer as expectativas dos outros". Por outro lado, John Cottingham diz que "a boa vida, conforme Descartes a vê, não consiste apenas na aceitação resignada, mas antes em uma existência guiada pela luz interior do intelecto".

Denis Diderot, filósofo do Iluminismo, ao comentar a ética de Sêneca, diz que a felicidade é "um problema cuja solução não se pode esperar do juízo da multidão" porque a multidão é "um rebanho de escravos". Portanto, a felicidade é alcançada por meio da liberdade e do cumprimento do dever. E segundo Descartes, citado por Cothingham, "qualquer um pode alcançar contentamento sem a previdência de qualquer circunstância externa".

Retomando a idéia da importância da auto-realização, situação em que a pessoa deve dar provas de auto-afirmação, de idéias próprias e autenticidade, citemos o próprio Sêneca:

Devemos absolutamente evitar seguir — conforme o uso das ovelhas — a grei [rebanho] dos que nos precedem, dirigindo-nos para onde vão todos, mas nos acautelemos. Nada é pior que escutar a fala da sociedade, considerando justo o que a maioria aprova, e imitar o modelo do comportamento da massa, vivendo não segundo a razão, mas pelo conformismo. É este o motivo das aglomerações de pessoas que se esmagam umas às outras.

Esse parágrafo, escrito no século I, na tradução de André Bartholomeu, apresenta expressões modernas e úteis para auxiliar o estudo da auto-estima. Aí encontramos sociedade, modelo, comportamento, massa, conformismo. Vemos também a palavra razão, que é milenar, mas sempre atual. Uma palavra que Sêneca emprega, honestidade, não está escrita nesse parágrafo; contudo na conquista da felicidade, "o único bem é a honestidade e o único mal a desonra". Honestidade em relação a nós mesmos e aos outros, porque "ninguém será feliz vivendo fora da verdade". É necessário também que nos afastemos de certas formas de prazer que nos conduzem à arrogância, à presunção e à soberba com as quais nós nos julgamos superiores aos demais.

Capítulo XX
Promoção Pessoal

"Autoconfiança é o primeiro segredo do sucesso". (Emerson)

Joaquín Campos Herrero, em seu livro *Encontrar-se consigo mesmo*, refere-se à chamada psicologia humanista, cujo fundamento se encontra nas idéias de pensadores como Epicuro, Sêneca, entre outros. A estes acrescentamos René Descartes, que também não deixa de inspirar-se em Sêneca. Nesses filósofos, já aparecem recomendações que os tornam precursores da "arte de administrar a vida".

Por exemplo, encontramos em Sêneca e Descartes elementos que constituem o que Branden e também Herrero chamam de assertividade. Desse modo, os desejos, projetos e preferências dos outros não devem ser postos acima dos nossos, porque um comportamento assertivo baseia-se em nossa auto-afirmação como seres humanos.

O desenvolvimento pessoal individual normalmente é devido ao próprio ser humano, ainda que possa receber certa ajuda da sociedade. Contudo, a generosidade, a honestidade e a prudência devem nortear os ideais humanos. Segundo Herrero, não é uma atitude assertiva "passar por cima dos outros, impondo nossa própria lei. Confunde-se assim a legítima luta pela promoção pessoal com o egoísmo".

Acrescente-se a isso que não devemos ser agressivos ou passivos. O ideal é mantermos o equilíbrio em todas as nossas ações. Podemos ser firmes, autênticos, sem sermos radicais, na transmissão de pensamentos, sentimentos e desejos. É preciso perceber o momento adequado à exposição de nossos pontos de vista. Isso nos faz lembrar da personagem feminina Mimi, da novela "Marisol", apresentada pelo SBT. É verdade que se trata de uma personagem do bem (como diriam os jovens); mas Mimi faz intervenções concluídas com a frase "Eu sou assim", para justificar a sua sinceridade e, às vezes, irreverência.

Contudo, segundo Herrero, "sem renunciar ao seu ser autêntico, você terá de avaliar com prudência a oportunidade adequada para manifestar-se". E às vezes temos a tendência a nos enquadrarmos com expressões tais como "Eu sou assim", "É a minha maneira de ser", "Cada qual é como é" etc.

Voltando à personagem Mimi: ao público ela é simpática, porque diz o que as pessoas querem ouvir. Ela luta contra os vilões da trama. Mas, se fosse uma vilã, seria odiada pelos telespectadores. Como não temos certeza do que pensam de nós, é melhor não sermos radicais. Assim poderemos contar, talvez, com a simpatia de todos.

Capítulo XXI
Viva feliz

"Só duas coisas servem à felicidade: crer e amar". (Jean Jacques Rousseau)

Por exemplo, a virtude, a sabedoria, as honrarias e as riquezas podem dar-nos o contentamento supremo, diz Descartes. Este classifica o que nos dá prazer, em duas instâncias: a das coisas que dependem de nós, como a virtude e a sabedoria, e das que não dependem de nós, como as honrarias e as riquezas. E praticar virtude significa fazer as coisas boas que dependem de nós. O depender de nós significa depender de nosso livre-arbítrio. Deste se origina a generosidade. O livre-arbítrio está relacionado à liberdade que temos em nossa vontade.

Para esse pensador, o que conduz o homem a auto-estimar-se é a utilização do livre-arbítrio e o domínio que a pessoa possui sobre as suas vontades. Antes de Descartes, o filósofo grego Epicuro escreveu: *"O essencial para a nossa felicidade é a nossa condição íntima: e desta somos nós os amos [=senhores]."*

Entre as coisas que dependem de nós, destacamos acima a virtude e a sabedoria. Para Epicuro, a prudência é o grande bem que dá origem às demais virtudes; e ela nos ensina que somente é possível viver agradavelmente com sabedoria, beleza e justiça. A sabedoria traz também em seu bojo a valorização da amizade. Desse modo, as virtudes são condutoras da vida feliz.

Se, para Branden, nem sempre conseguimos obter sucesso, mas podemos apenas tentar, é bom ressaltar que alguém já disse que não vivemos

> *"Solte-se! Liberte-se! Voe! E tudo o que o universo produz de belo e grandioso será alimento para o seu coração, inspiração para a sua mente de luz para os seus olhos."*
>
> *(C. Torres Pastorino)*

sempre em virtude, mas devemos fazer um esforço para tal. Não é sem razão que Sêneca escreveu: "Não creias que o exercício da virtude não fatigue".

Normalmente, relacionamos a riqueza à felicidade. Mas muitos dizem que a riqueza não é tudo. Isso é verdade. Já mencionamos neste trabalho que a riqueza não depende de nós. De posse desta, podemos utilizá-la bem para nós e para os outros. Após o sucesso, por exemplo, artistas se dedicam a fazer caridade, criando fundações para ajudar a formação de jovens e proporcionar bem-estar a idosos.

Contudo, já ouvimos as pessoas dizerem que a posse do dinheiro traz preocupações para conservá-lo e protegê-lo. Afinal, ouve-se dizer também que vivemos num mundo em que o capital tem um papel importante. Diante disso podemos concordar com o que diz Branden: "A miséria pode oferecer o seu próprio tipo de aconchego, enquanto a felicidade, ao seu jeito, é muito mais exigente, em termos de consciência, energia, disciplina, dedicação e integridade".

A esse respeito, Sêneca também se manifestou: "*À pobreza reservaremos as mais ousadas virtudes, as que servem ao combate; à riqueza, as virtudes mais prudentes, aquelas que procedem criteriosamente e suportam bem o seu próprio peso*".

Paradoxalmente, então, a riqueza nos traz responsabilidade; talvez até mais trabalho. Ela exige que sejamos também virtuosos, o que não é completamente fácil. Nada mais deplorável que um rico arrogante, por exemplo. Assim não se angariam simpatias. Pobres ou ricos devemos ser simpáticos e empáticos. Ser empático é pôr-se na situação dos outros.

Acrescente-se a isso a questão da doação, também abordada por Sêneca. A doação material mais precisamente é devida aos ricos; contudo, o pobre pode também doar. Solidariedade e calor humano todos podem dar.

Aproveitamos a ocasião para dizer que, se nem todos são entrevistados pelos institutos de pesquisas, nem todos serão alvos das doações dos jogadores de futebol famosos, por exemplo. Segundo Sêneca, "engana-se quem acredita que presentear seja fácil". Concordamos com esse filósofo latino, porque o benefício pode cair

> "A alegria é o estado que colore e amadurece os últimos frutos".
>
> (J. P. Rilcker)

em mãos erradas, pode não atingir o público-alvo desejado. E segundo o filósofo: "Doar é o investimento mais importante que ponho em prática".

Acrescentemos que a auto-estima e o estimar os outros são grandes formas de doação não-material.

A partir de citação de Cottingham, resumimos e adaptamos, no quadro seguinte, algumas idéias de Descartes.

Para atingir a auto-satisfação:

1º Basta ocupar a mente tanto quanto possível em descobrir o que se deve fazer em todas as circunstâncias da vida.

2º Tomar a firme resolução de levar adiante tudo o que a razão recomenda.

3º Jamais esquecer que todas as boas coisas que não possuímos escapam igualmente ao nosso poder.

4º Acostumar-se, portanto, a não desejar essas coisas.

Em seguida, apresentamos, num quadro adaptado, algumas idéias do filósofo Sêneca.

Sobre a virtude:

A virtude é o princípio de todo bem.

A virtude nos preserva dos desregramentos.

A virtude prescinde do prazer.

Mais que a virtude não posso ter, ela é em si um prêmio.

A virtude não admite muito aqueles que tudo aceitam; todavia é prudente.

A virtude é nossa principal qualidade.

A verdadeira felicidade apóia-se na virtude.

Não creias que o exercício da virtude não fatigue.

Em seguida, transcrevemos pensamentos de Epicuro relacionados à ética:

Sobre o desejo:

Formula a seguinte interrogação a respeito de cada desejo: que me sucederá se se cumpre o que quer o meu desejo? Que me acontecerá se não se cumpre?

Alguns dos desejos são naturais e necessários, outros são naturais e não necessários; outros nem naturais nem necessários, mas nascidos apenas de uma vã opinião.

Quando te angustias com as tuas angústias, te esqueces da natureza: a ti mesmo te impões infinitos desejos e temores.

(...) Por comparação com o infinito dos desejos, até a maior riqueza é pobreza.

Não deves corromper o bem presente com o desejo daquilo que não tens: antes, deves considerar também que aquilo que agora possuis se encontrava no número dos teus desejos.

Capítulo XXII
Gerenciamento de nossa vida

"Se um homem é infeliz, é preciso que saiba que a razão da sua infelicidade é ele próprio. (Epíteto)

Em uma conversa, existe uma séria diferença entre falar *com* o outro e *para* o outro. A maioria das pessoas não percebe ou não sabe que a diferença existe.

Um diálogo só é possível quando se fala com o outro, pois é assim que as pessoas interagem, trocam idéias, opiniões e, se necessário, dão sugestões. Falar para o outro é uma situação desconfortável, pois não se trata da troca de informações, e sim da imposição das vontades de um interlocutor sobre o outro.

O primeiro caso – o do diálogo – é saudável porque ambas as pessoas se sentem valorizadas durante a interação. E, não só valorizadas, como também respeitadas, mesmo que suas opiniões não sejam compatíveis.

No caso do falar para o outro – a imposição das idéias – os participantes da relação são desrespeitados e não se dão conta disso. Aquele que se impõe não leva em conta os pensamentos de quem ouve, apenas passa adiante seus preconceitos e crenças, que estão embutidos nas suas opiniões, sem nem sequer questionar-se. Enquanto isso, o outro não é levado em consideração, não é respeitado e absorve as informações que ouve, acabando por acreditar nelas.

Por isso, é importante entender o que é o diálogo: trocar informações sem guardar respostas preestabelecidas e sem que os interlocutores se reprimam. Deve-se praticar com a família e com os amigos, tornando as relações cada vez mais saudáveis e criando filhos felizes e satisfeitos com suas decisões.

> "Vemos as coisas não como são, mas sim como somos."

Só existe auto-estima quando uma pessoa vive de acordo com suas idéias, sem ofender o código de valores que ela construiu ao longo da vida. Uma pessoa para quem a honestidade é fundamental poderá ficar rica se aceitar suborno, mas sua auto-estima cairá, inevitavelmente. Não é possível alguém gostar de si mesmo, ter um bom juízo de si, se estiver agindo em desacordo com seus princípios.

Os valores de cada pessoa, assim como os de cada sociedade, variam muito e dependem fundamentalmente do ambiente em que ela cresceu. Nos primeiros anos de vida, incorporamos essas normas com o objetivo de agradar aos adultos que nos são importantes. Aprendemos seus valores e os adotamos porque este é o caminho para sermos amados por eles. Os adultos usam essa necessidade das crianças de serem protegidas e acariciadas como instrumento para educá-las, ou seja, transmitir à nova geração as normas daquela comunidade.

Mas isso é apenas o princípio do processo. A partir de certo ponto do nosso desenvolvimento, passamos a contestar os valores que nos foram impostos pela educação. Isto pode ser feito de um modo bastante estabanado e grosseiro, negando-se, apenas por negar, tudo o que nos ensinaram (e são muitos os adolescentes que agem assim).

Entretanto, também podemos reavaliar nossos princípios de um modo mais sofisticado, comparando-os com outros pontos de vista ou submetendo-os a uma experimentação na vida prática. Se fomos educados, por exemplo, a não transigir, tornando-nos pessoas rígidas e prepotentes, isso pode nos trazer muitos inimigos e afastar as pessoas de quem gostamos. A prática da vida nesse caso poderá ensinar-nos a ter mais "jogo de cintura", ou seja, a afrouxar um pouco mais os nossos critérios quanto à liberdade e aos direitos de cada pessoa.

Sempre que mudarmos nossos valores devemos mudar também nossa conduta. O objetivo disso é fazer que possamos viver de acordo com nossas idéias, condição indispensável para uma auto-estima positiva. Mas outra condição se impõe para uma boa auto-estima: levar uma vida produtiva e em constante evolução.

Se uma pessoa gosta de cozinhar, ela tenderá a se dedicar a essa atividade; será capaz de avaliar seus avanços por meio da reação das pessoas que provam sua comida. E não adianta negarmos: todos nós somos dependentes das reações dos que nos cercam e nos são queridos. Os elogios reforçarão nossas convicções de que estamos indo pelo caminho certo, enquanto as críticas indicarão a necessidade de correção de rota.

Assim, com o passar do tempo e o crescer da experiência, aquela pessoa que gosta de cozinhar saberá avaliar a qualidade de sua comida por si mesma, tornando-se menos dependente do julgamento dos outros. Sua auto-avaliação vai-se tornando mais importante que a dos outros. Sua auto-estima vai-se cristalizando em um patamar alto, sólido e independente do ambiente.

Mas é importante ressaltar que esta imagem positiva de si mesmo não pode ser construída do nada. Não adianta a pessoa se olhar todos os dias no espelho e dizer: "Eu sou uma pessoa legal, mereço as coisas boas da vida, eu me amo". Agir assim é acreditar que se pode enganar a si mesmo com discursos bonitos e falsos. Precisamos agir sempre de acordo com as nossas convicções, levar uma vida produtiva e nos aprimorar naquilo que fazemos.

Não importa qual seja a atividade, precisamos relacionar-nos com o nosso meio e receber dele sinais positivos de que nossa ação é boa e está em permanente evolução. Se uma pessoa não faz nada, não se dedica a nenhum tipo de atividade, não terá a menor possibilidade de ter uma boa auto-estima. Ela não se testa para saber qual é o seu valor, e a dúvida puxa para baixo a auto-avaliação. E de nada adianta colocar uma máscara e sair por aí com ares de quem "se ama e muito". Isso não engana ninguém! É necessário "realmente" se amar.

Capítulo XXIII
A busca da verdade

"Se eu tivesse que escolher uma frase que resumisse todos os meus ensinamentos, eu diria: não deixes o mal dominar os teus pensamentos". (Confúcio)

Além de arte, argumentar é também um instrumento que se emprega na vida, no dia-a-dia. O mais humilde ser humano se vê obrigado a usar argumentos, a defender pontos de vista para se inserir em seu meio, em seu grupo. Na família, no trabalho, nas relações em geral, é necessário se comunicar. Tal se dá, além de outras capacidades físicas, apenas por meio da leitura, da fala e da escrita. Isso significa que o analfabeto, o semi-analfabeto, o inculto podem ter dificuldade para lidar com várias atividades no mundo moderno, e também com a argumentação. Observamos que funções modernas, profissões novas (mesmo não tão novas) são, digamos assim, proibidas para o homem que não cuida ou não tem condição de cuidar de seu intelecto.

Com base no livro de Antônio Suárez Abreu, A arte de argumentar, constatamos que para argumentar empregamos os processos de convencer e persuadir. Convencer é saber gerenciar informação; persuadir é saber gerenciar relação. Relação aqui tem o sentido de ligação, convivência, intimidade, freqüência social, contato social e de parentesco também. Acrescentemos, com Abreu, que a persuasão se dirige à emoção do outro.

As questões de convivência, de contato são complexas e importantes. Já ouvimos muitas vezes dizerem que o vendedor não vende apenas o produto. Ele vende também idéias, sua amabilidade; e não estaríamos exagerando se disséssemos que vende a si mesmo. O bom vendedor — também o bom médico, o bom carpinteiro, o bom professor, por exemplo — procura conhecer a cultura que envolve aquilo que ele oferece. Toda venda tem como preliminar uma boa conversa (sincera); deve existir a demonstração de que se ama o que se faz e de que se conhece o objeto da venda. Falemos também do dentista: este, normalmente, procura ser simpático, fala-nos de suas viagens, de seus gastos; antes, durante e depois de seu trabalho. Parece que respondemos ao que ele diz, mesmo quando não podemos fazê-lo. Em alguns momentos há um diálogo tácito, entre nós e nosso dentista. Existe assim um gerenciamento, também, de relação.

Abreu diz que *"quando entramos em contato com o outro, não gerenciamos apenas informações, mas também a nossa relação com ele. Um bom dia, um muito obrigado, as formas de tratamento (você, senhora), tudo isso é gerenciamento de relação".* Esse autor deixa claro para nós a importância da linguagem, do diálogo nesse processo de persuasão. Contudo não usa a expressão função fática, que é uma das funções da linguagem; e, na persuasão, Nesta situação, a linguagem tem uma porção fática. Para que fique mais claro esse ponto de vista, vejamos o que diz sobre isso Roman Jakobson, em seu livro *Lingüística e Comunicação*: "*Há mensagens que servem fundamentalmente para prolongar ou interromper a comunicação, para verificar se o canal funciona ("Alô, está me ouvindo?"), para atrair a atenção continuada ("Está ouvindo?" ou, na dicção shakespereana, "Prestai-me ouvidos!" – e, no outro extremo do fio, "Hm-hm!"). Este pendor para o contato ou, na designação de Malinowski, para a função fática, pode ser evidenciado por uma troca profusa de fórmulas ritualizadas, por diálogos inteiros cujo único propósito é prolongar a comunicação".*

Portanto, as fórmulas de cumprimento (por exemplo, "como vai?", "tudo bem?"), de agradecimento (por exemplo, "obrigado"!), de despedida (por exemplo, "até amanhã!"), e talvez outros recursos não lingüísticos, não possuem a finalidade pura de informar, de fornecer informações e dados concretos. Contudo, essas atitudes são importantes para estabelecer, <u>prolongar ou interromper a comunicação</u>.

O pensador espanhol do século XIX, Jaime Balmes, diz que a liberdade de imprensa não garante que seja fácil chegar à verdade a respeito das pessoas e das coisas. Por isso, ele lança a seguinte pergunta: Onde procurar a verdade? Porque, segundo esse filósofo, neste caso, a resposta não se encontra nos periódicos (jornais e revistas). Para ele, em "certos círculos", emitem-se opiniões diferentes sobre a mesma personagem: a opinião verdadeira e a de circunstância. Poderíamos entender esta última como correspondente às situações atualmente chamadas, nos meios políticos, de casuísticas. Balmes, contudo, desculpa até certo ponto a imprensa porque "quase sempre os escritores separam o homem público do particular, e bem é que assim seja", para que se evitem polêmicas, "no entanto, é certo que a vida privada de um homem fornece bons dados para se julgar seu proceder nos destinos públicos".

Essa questão da visão parcial da realidade também é abordada numa edição de 2002 do citado livro de Abreu. Já que para este as informações são tijolos que formam o edifício do conhecimento, ele mesmo pergunta: Mas onde vamos buscar esses tijolos? E acrescenta: A maior parte das pessoas os obtêm unicamente dentro da mídia escrita e falada. Esse autor afirma que esses veículos de comunicação nos apresentam uma visão da realidade que lhes é conveniente. E assim ocorre "alinhamento de pontos de vista", além dos "processos de manipulação". A solução para Abreu pode estar nos livros dos autores clássicos, por exemplo.

Curiosamente, Balmes, citado anteriormente, na nossa opinião, pode ser relacionado entre esses clássicos, como Machado de Assis, Descartes, Epicuro, Sêneca. "Por meio da leitura, podemos, pois, realizar o saudável exercício de conhecer as pessoas e as coisas, sem limites no espaço e no tempo", diz Abreu. Maquiavel, o grande filósofo italiano, dizia algo parecido quando afirmou que se reunia com os sábios de todos os tempos, em seu gabinete de trabalho; isto é, dedicava-se à leitura dos clássicos.

Balmes assinala que os escritores em geral (inclusive os poetas), os oradores e os artistas têm deveres. Não lhes basta apenas a produção do prazer: "A verdade e o bem; a verdade para o espírito, o bem para o coração, eis os dois objetos essenciais da arte, eis o ideal que as artes devem oferecer ao homem por meio das impressões que despertam".

O que os artistas, principalmente os da palavra escrita ou falada, devem apresentar é pelo menos a verdade das coisas. O orador, por exemplo, não deve usar a sua habilidade de argumentar apenas para entusiasmar o auditório (como o fazem certos políticos) e seduzi-lo. A argumentação deve conduzir à verdade, ao bem e trabalhar com o bom senso, porque quem argumenta, como já dissemos, convence e persuade. Segundo Balmes, "se a convicção deve ser um erro, o persuadir é uma traição".

É importante conhecer o significado das palavras num processo de comunicação. Essa citação: "Se a convicção deve ser um erro, o persuadir é uma traição" é ideal, também, para o esclarecimento dessa importância. No dicionário de sinônimos e antônimos de Francisco Fernandes, convicção tem como sinônimos persuasão íntima, convencimento. Portanto, se a pessoa estiver erroneamente autopersuadida e autoconvencida, tomando a liberdade de nos expressarmos assim, a sua tentativa de persuasão de outras pessoas é também um erro, uma verdadeira traição. Aqui, os poderes da argumentação serão maléficos, sofismáticos (de sofisma). E sofismar, nesse caso, é induzir as pessoas ao erro.

Balmes nos faz a seguinte recomendação: "Temam-se muito mais os sofismas, armados com tanta arte e adornados com tantas seduções que quase se torna impossível defender-se a gente deles". Um bom exemplo de sofisma são as teorias "científicas" que surgiram no final do século XIX e que pregavam a superioridade da "raça branca". O nosso grande escritor, Machado de Assis (1839-1908), era mulato, descendente de escravos, gago e epilético e até hoje seus livros são uma fonte inesgotável de pesquisa porque sua atualidade é permanente. A falta de ética dos cientistas também induz as pessoas ao erro e a acreditar em conceitos enganosos.

Muito se fala sobre a necessidade de sermos seletivos. É necessário selecionarmos as amizades, os alimentos, os divertimentos, as atividades em geral. Enfim, é necessário saber escolher: os sapatos, as roupas e, também, as leituras. E em busca da sabedoria devemos aproveitar o bem, isto é, abandonar o mal. Estamos em busca de um fim, de um objetivo. Balmes faz referência a dois tipos de fim: o fim último, relacionado à felicidade da outra vida, portanto de caráter religioso; os fins secundários, ligados ao nosso dia-a-dia. Podemos observar que o que Balmes dá como exemplo de fins secundários representa grande parte do que busca o homem deste século: "alcançar conveniente posição na sociedade, levar a bom termo um negócio qualquer, sair airosamente (= dignamente) de situação difícil, granjear (= obter, cultivar) a amizade de uma pessoa, organizar um sistema político, administrativo ou doméstico, destruir costumes prejudiciais e outras coisas deste gênero". Como vemos, essa situação traz temas que se encontram na literatura, inclusive de auto-ajuda, do século XXI.

Na verdade, para atingir nossos objetivos, é necessário o autoconhecimento. Impossível saber bem o que queremos sem nos autoconhecermos. Contudo, precisamos, por vezes, ser despertados por sinais exteriores a nós. Dizemos isso para expressar a importância das artes da comunicação, como exemplo a leitura, na nossa formação. A leitura, também na opinião de Balmes, está entre os elementos que nos podem fazer desenvolver nossas <u>forças latentes</u>: "Há no espírito humano certas faculdades que permanecem no estado de forças latentes [= "encobertas"] até que alguma ocasião as desperte e ponha em movimento. Os que as possuem nem ao menos as suspeitam". De fato, aí temos uma grande verdade. Mesmo os grandes artistas foram influenciados pelos que vieram antes deles. Houve filósofos que construíram sua obra a partir de estudos sobre o trabalho de outros. Acrescentamos, para reforçar essa tese, que ouvimos recentemente conhecido cartunista dizer que, no começo, todos "copiam" os desenhos dos outros; depois, adquire-se estilo próprio. Mas não queremos dizer que não se deve possuir originalidade. A recriação passa a ser uma criação, uma nova criação. "*Quantas vezes uma cena, uma leitura, uma indicação, remove o fundo da alma e dela faz brotar inspirações misteriosas!*" (Balmes)

Autoconhecimento, autoconfiança, auto-estima são nomes que expressam pré-requisitos para bem viver. Contudo, tudo isso não inclui um amor-próprio exagerado. É certo que o que somos tem origem em nosso próprio interior. Muita coisa de bom possuímos em latência. Os estudiosos do homem, porém, apontam o ambiente como influenciador da personalidade humana. Modernamente se fala em self, que se forma desde a nossa infância e é constituído pelo que o meio e as pessoas nos fornecem. Mas as forças realizadoras (boas ou más) estão em nós mesmos e podem, como já foi dito, ser despertadas e atualizadas.

Impossível concluir este capítulo que tratou da argumentação como meio de busca da verdade para a conquista da felicidade, sem transcrever um parágrafo de Balmes, em O critério:

"O espírito desenvolve-se com o contato dos outros espíritos, pela leitura, pelas viagens, pela contemplação das grandes cenas da natureza ou das grandes obras de arte, e, coisa notável, menos em virtude do que recebe de fora do que das descobertas que faz dentro de si mesmo. Se a faculdade que um feliz encontro revelou ao homem se conserva nele viva e inteira, pouco importa que esqueça o que porventura tem ouvido ou lido nos livros. A luz está acesa; arde sem extinguir: que precisão tem ele da centelha que a acendeu?" (grifos nossos)

Capítulo XXIV
A paixão maléfica

"Quando o Espírito Santo controlar a sua vida, ele vai produzir em você nove características positivas: amor, gozo, paz, longanimidade, benignidade, bondade, fidelidade, mansidão e domínio próprio". (Rick Warren)

Para Descartes, e concordamos com ele, *"é somente das paixões que dependem todo o bem e todo o mal desta vida"*. Muitas vezes a paixão que é bem de uns representa o mal para outros. Por exemplo, pela televisão dizia uma senhora que um jovem parente seu tivera como paixão o ato de soltar balões, o que atualmente é proibido pelas autoridades, a fim de evitar incêndios em matas e até em residências. Para o baloeiro, lidar com balões é um motivo de felicidade. Não seria, em essência, uma má paixão, principalmente se não envolvesse riscos para todos. No caso desse jovem, essa paixão se tornou má para ele próprio: ele e outros colegas morreram quando as bombas colocadas num balão explodiram dentro da sua própria casa.

Poderemos observar, neste capítulo, como é amplo o domínio das paixões. Praticamente é necessário que tenhamos paixão em todas as nossas atividades porque ela pode

> *As boas ações procedem dos bons pensamentos, e estes procedem de Deus.*
> **(Oxenstiern)**

também produzir o bem. Por exemplo, a dedicação por cuidar de crianças abandonadas ou de idosos desamparados. A aptidão para as artes, para as tecnologias, para os inventos que beneficiam a humanidade. O amor pela religião, o qual pode mover a pessoa para as boas ações. Podemos enumerar paixões até o infinito, diz Luiza Nagib Eluf, em seu livro *A paixão no banco dos réus*. Em relação à paixão chamada desejo, Descartes diz algo semelhante: *"Seria mais razoável dividir o desejo em tantas espécies diferentes quantos os objetos procurados; por exemplo, a curiosidade, que é o desejo de conhecer, difere muito do desejo de glória, e este do desejo de vingança, e assim por diante"*. (As paixões da alma)

Segundo esse pensador francês do século XVII, quando nossa tendência é praticar o bem, o desejo é acompanhado de amor e, em seguida, de esperança e alegria.

Os estudiosos da paixão procuram deixar claro que é necessário que a dominemos, já que é impossível evitá-la. Segundo Jaime Balmes, "conhecer as paixões, analisá-las, determinar suas tendências não é vencê-las". Alguém já disse que somos seres passionais. Benedito Ferri, citado por Luiza Eluf, classifica as paixões em sociais e anti-sociais. As sociais representam o bem; as anti-sociais, em sua maioria, conduzem à prática de crimes ou de alguns malefícios. Colocaríamos entre as paixões anti-sociais a soltura de balões, já exemplificada; a criação de cães de raças consideradas ferozes, em condições que não oferecem segurança, principalmente, para crianças e idosos; as agressões e os assassinatos; o roubo; a propensão à desonestidade, por exemplo.

Concordamos com Eluf, quando diz que paixão não é sinônimo de amor e acrescenta que a paixão "pode decorrer do amor e, então, será doce e terna, apesar de intensa e perturbadora; mas a paixão também resulta do sofrimento, de uma grande mágoa, da cólera". A cólera está entre as paixões anti-sociais mencionadas por Ferri.

Esse sofrimento de que fala Eluf é subjetivo, digamos assim, e muitas vezes pode conduzir a pessoa a matar o objeto de sua paixão. Na verdade, a palavra objeto é usada para significar algo que pode ser realmente "algum objeto, pessoa, ideal ou crença", para usarmos as expressões de Nancy Anderson, de seu livro *A caminho do sucesso*. E para essa autora "a liberação das paixões humanas poderia criar tanto o bem quanto o mal" e "cada caso de amor, cada mudança importante — seja social, econômica, filosófica ou artística — veio a acontecer mediante a participação de um ser passional", ao longo da história.

O que todos sabem é que, encolerizado, o indivíduo comete crimes que serão motivo de problemas até o fim de suas vidas. Dá-se o nome de tragédia a certos atos em que pai mata filho, filho mata pai, irmão mata irmão, esposo mata esposa, esposa mata esposo. Alguns crimes recebem a adjetivação de hediondos. Daí a necessidade do controle das paixões.

Descartes nos seus estudos sobre o amor e o ódio nos diz que "quando uma coisa se nos afigura boa em relação a nós, ou seja, como nos sendo proveitosa, isso nos induz a ter amor por ela, e, quando se nos afigura má ou danosa, isso nos impele ao ódio".

Como vemos, o ódio brota do ego insatisfeito, deriva de nosso julgamento, do que pensamos, da defesa daquilo que imaginamos ser de nosso direito, de nossa posse. Daí, por vezes, aqueles que não se dominam partirem para agressões. Desse ponto de vista, todos os crimes seriam passionais; contudo, segundo Luiza Eluf, em linguagem jurídica, convencionou-se chamar passionais somente "os crimes cometidos em razão de relacionamento sexual ou amoroso".

Luiza Eluf deixa claro que os crimes passionais não são "privilégio" de determinadas classes sociais, nem se restringem apenas a "agentes" do sexo masculino. Diz ainda a autora: "Matar a pessoa objeto de desejo é um contra-senso, mesmo que seja para satisfazer o sentimento de posse frustrado".

O que a literatura de auto-ajuda, desde os clássicos, se é que podemos considerar estes como precursores dessa literatura assim chamada hoje, tem procurado é proporcionar meios para que o homem tenha mais autoconfiança e aja com discernimento. Por isso é que Balmes diz "que a razão é própria para dirigir e as paixões para executar", e "estas só consideram o objeto no momento atual e pelo modo como nos afeta". Para esse autor, as paixões têm o poder de tirar o homem da inércia, mas "o homem dominado pelas paixões é cego, deseja e procede à maneira dos brutos". E paixões também são "inclinações mais doces e mais espiritualizadas", "a que se dá o nome de sentimentos"; neste caso, a aplicação delas ao objeto (pessoa, por exemplo) se caracteriza pela delicadeza.

Capítulo XXV
Argumentar para vencer

Um mendigo tímido termina o dia com a sacola vazia. (Lair Ribeiro)

Podemos dizer que o idioma é a única ferramenta de argumentação que possuímos. Se essa opinião não for verdadeira, pelo menos o idioma é o mais completo sistema usado para argumentação e comunicação. Segundo Jaime Balmes, no livro *Filosofia da linguagem*, "a fala nos põe em comunicação recíproca; por ela transmitimos as mais delicadas relações das idéias; sem ela o espírito humano estaria encerrado em si mesmo e poderia levar ao conhecimento de seus semelhantes somente muito pouco do que experimentar dentro de si e isso imperfeitamente".

Na opinião de Antônio Suárez Abreu, no livro A *arte de argumentar*, "*é por meio da voz que expressamos alegria, desespero, tristeza, medo ou raiva. Às vezes, a maneira como uma pessoa usa sua voz nos dá muito mais informações sobre ela do que o sentido lógico daquilo que diz*".

Acrescentamos que são precisamente essas características da linguagem falada que levam os lingüistas a considerarem-na mais completa, isto é, mais expressiva que a linguagem escrita. Esta é, por seu lado, importante porque pode fornecer certa perenidade às idéias. Hoje, para essa perenidade, já dispomos de aparelhos que registram o som da voz, mas antes dessas invenções somente a escrita podia documentar, com mais perfeição, as idéias que, apenas com a voz, podiam perder-se.

O autor espanhol Balmes dizia também, no final da primeira metade do século XIX, que a escrita é a ampliação da fala; é a própria fala prevalecendo sobre o espaço e o tempo, e com a escrita não existem distâncias.

Quando trata das técnicas argumentativas, Antônio Suárez Abreu estuda também os argumentos quase lógicos. Nós nos permitimos entender esses argumentos como elementos extralingüísticos. E dizemos também que se trata de aspectos ligados à situação. Há estudiosos que, do ponto de vista do estudo da língua, distinguem situação de contexto. Este se refere à própria língua, ao passo que a situação refere-se à realidade, está fora dos mecanismos lingüísticos.

É verdade que os argumentos quase lógicos têm apelos lingüísticos; mas, digamos assim, estão sujeitos a atitudes subjetivas, e recebem esse nome "porque muitas incompatibilidades [de alguns deles] não dependem de aspectos puramente formais e sim da natureza das coisas ou das interpretações humanas". De forma simplista, digamos que, neste caso, para levarmos alguém a concordar com o que propomos, apelamos para seu emocional ou para seu bom senso, por exemplo: uma mulher que pede esmola leva consigo seus três filhos pequenos. O objetivo é o dinheiro; os argumentos são os filhos.

Contudo, segundo Balmes, "quando se trata de exprimir idéias sem mistura de sentimentos, a linguagem segue a ordem lógica". Por exemplo:

Todo homem é mortal.

Sócrates é homem.

Logo, Sócrates é mortal.

Ainda segundo esse filósofo, tudo o que podemos exprimir no discurso se reduz a juízos, raciocínios, sentimentos e à relação dessas coisas entre si. "Todo homem é mortal", por exemplo, é juízo porque consiste na união de idéias (sujeito e predicado), e "o homem tem expressões para todos os fenômenos internos que experimenta e entre estes alguns há que nada têm com o juízo", como as interjeições (ah! eh! oh!), que exprimem impressões. Os juízos constituem afirmações.

Capítulo XXVI
Viva conscientemente

"*Há três coisas que nunca voltam: a flecha lançada, a palavra pronunciada e a oportunidade perdida*". (Provérbio chinês)

Certa vez, ouvi um psicólogo dizer que algumas pessoas não estão preparadas para a realidade da vida. Esta lhes parece, talvez, rude, sem atrativos. Portanto, a pessoa, nesse caso, vive alheia à vida em si, é sonhadora e até mesmo desligada.

> *O grande homem está sempre disposto a ser pequeno.*
> **(Ralph Waldo Emerson)**

É verdade que certo desligamento é necessário para passarmos o tempo de uma longa viagem ou de uma longa espera, numa fila, por exemplo. Muita gente aproveita esses instantes para ler um livro, um jornal, uma revista. Às vezes, preenchemos esse período com uma boa conversa.

Contudo, o desinteresse por nossas atividades do dia-a-dia pode levar-nos ao desligamento até de nossas tarefas, principalmente se são repetitivas. Ouvi uma moça campeã de embaixadinhas dizer que, nas longas horas em que tentava bater um recorde nessa habilidade, desligava-se do que fazia. Os movimentos de manter a bola nos pés em constante movimento, sem cair, tornavam-se simplesmente mecânicos, explicava a moça habilidosa.

Nossa vida também pode tornar-se mecânica. A rotina faz que nos desliguemos de nossa própria existência, de nosso próprio trabalho, de nossos estudos.

Chegamos, aqui, à questão que eu chamaria de alheamento, cujo melhor sinônimo, neste caso, é distração (alienação). Assim, deixamos de gerenciar nossas relações: trabalho, amor, família, amizade, etc.

Os namorados conhecem muito bem essa situação. O parceiro fica distante. O olhar perde o que as pessoas chamam de brilho. Observe, leitor, que os aspectos psicológicos chegam a refletir nossos aspectos físicos, na postura, inclusive. Por isso é que ocorrem as atribulações nas relações: brigas, discussões, afastamentos, rompimentos.

No caso do namoro, no início estamos bem presentes: nosso corpo, nosso olhar, nossos movimentos estão despertos. O ideal seria que isso perdurasse. Mas a rotina pode descolorir nosso quadro amoroso, tornar-nos opacos, alheios, desinteressados. Parece que perdemos a consciência de nossa realidade, de nosso relacionamento.

Quando procuramos entender o contexto mais amplo em que vivemos, podemos progredir em todos os sentidos, porque estamos conscientes. Uma vez interessados, aprenderemos, seremos autoconfiantes, produtivos e competentes.

A idéia de viver conscientemente se torna mais realizável quando podemos escolher o lugar, a situação para atuar. Se estivermos assim situados (às vezes é necessário procurar o que pretendemos, desejamos) não percamos a oportunidade de ser felizes e responsáveis. Desse modo, já que não estamos tentando bater nenhum recorde, como a moça das embaixadinhas, precisamos estar sempre conscientes (sentindo), em relação às nossas atividades.

Espero que, após a leitura deste livro, você consiga repensar sobre certos valores, atitudes e conclua que "é preciso saber viver, saber viver". Seu mundo não caiu!

Para seu crescimento pessoal, indico-lhes estes livros:

– Inove, vença e faça sucesso — Joe Tye
Editora Madras

– Aprendendo a viver — José Manuel Moran
Editora Paulinas

– Como gerenciar nossa própria vida — Hernando Duque Yepes
Editora Paulinas

- Reflexões para todas as horas — J.B. Oliveira
Editora Madras

- Coleção Pensamentos de Sabedoria
Editora Martin Claret

- Revista VENCER — circula nas bancas de todo o Brasil

- A força interior em ação — Abel Brito e Silva
Editora Paulinas

- A escada Léon Hual
Editora Paulinas

Bibliografia

ABREU, Antônio Suárez. *A arte de argumentar*. Ed. Ática. São Paulo.
ALBISETTI, Valério. *Para amar e ser amado*. Ed. Paulinas. São Paulo.
———. *Um basta à ansiedade e à depressão*. Ed. Paulus. São Paulo.
ANDTHEA, Church. *Beleza interior*. Ed. Gente. São Paulo.
BALMES, Jaime. *Filosofia da linguagem*. Cultura Moderna. São Paulo.
———. *O critério*. Anchieta. São Paulo.
BISOGNO, Francesca. *Receitas para amar a vida*. Ed. Paulinas. São Paulo.
BRANDEN, Nathaniel. *Auto-estima*. Ed. Saraiva. São Paulo.
BRITO E SILVA, Abel. *A força interior em ação*. Ed. Paulinas. São Paulo.
CANOVA, Francesco. *Autocontrole e liberdade*. Ed. Paulinas. São Paulo.
Coleção Autoprogramação Mental — Motivação Total. Martin Claret. São Paulo.
Coleção Autoprogramação Mental — Sorte Construída. Martin Claret. São Paulo.
Coleção Pensamento de Sabedoria — A Essência da Vida. Martin Claret. São Paulo.
Coleção Pensamento de Sabedoria — A Essência da Vitória. Martin Claret. São Paulo.
Coleção Pensamentos de Sabedoria — A Essência do Otimismo. Martin Claret. São Paulo.

COTTINGHAM, John. *Dicionário Descartes*. Jorge Zahar Editor. Rio de Janeiro.

DESCARTES, René. *As paixões da alma*. Ed. Nova Cultural. São Paulo.

ELUF, Luiza Nagib. *A paixão no banco dos réus*. Ed. Saraiva. São Paulo.

FAGUETE, Émile. *Arte de ler*. Francisco Alves. Rio de Janeiro.

GODRI, Daniel. *Sou alguém muito especial*. Ed. Eko. Blumenau.

JAKOBSON, Roman. *Lingüística e comunicação*. Ed. Cultrix. São Paulo.

MAXWELL, John C. *Pequeno Manual para Grandes Líderes*. Ed. United Press. EUA.

MORAN, José Manuel. *Aprendendo a viver*. Ed. Paulinas. São Paulo.

OLIVEIRA, Alkíndar de. *Torne possível o impossível*. Ed. Butterfly. São Paulo.

OLIVEIRA, J. B. *Inspiração — Reflexões para todas as horas*. Madras Editora. São Paulo.

PUZZI, Nicole. *De bem com a vida*. Ed. Gente. São Paulo.

RIBEIRO, Lair. *O sucesso não ocorre por acaso*. Ed. Objetiva. São Paulo.

SÊNECA. *A vida feliz*. Pontes Editores. São Paulo.

VICTORIA, Luiz A. P. *Dicionário de Citações de Frases Célebres*. Ed. Tecnoprint. Rio de Janeiro.

YEPES, Hernando Duque. *Como gerenciar nossa própria vida*. Ed. Paulinas. São Paulo.